Patricia Cori

LICHTBOTSCHAFTEN VOM SIRIUS 3

Harmonie, Bewusstsein, Weisheit: Verbindung mit der höchsten Intelligenz

Aus dem Amerikanischen von
Anna Sophia Hahn & Thomas Görden

Besuchen Sie unseren Shop:
www.AmraVerlag.de

Ihre 80-Minuten-Gratis-CD erwartet Sie.
Unser Geschenk an Sie … einfach anfordern!

Eine Originalausgabe im AMRA Verlag
Auf der Reitbahn 8, D-63452 Hanau
Hotline: +49 (0) 61 81 – 18 93 92
Service: Info@AmraVerlag.de

Herausgeber & Lektor	Michael Nagula
Einbandgestaltung	Guter Punkt
Layout & Satz	Birgit Letsch
Covermotiv	Josephine Wall
Druck	CPI books GmbH

ISBN Printausgabe 978-3-95447-455-4
ISBN eBook 978-3-95447-456-1

Die Botschaften der Sirianer zur Neuen Realität folgen im Wesentlichen dem Buch *The Starseed Dialogues – Soul Searching the Universe,* North Atlantic Books, Berkeley, California. Sie wurden für die vorliegende Ausgabe vom Channelmedium durchgesehen, aktualisiert und auf den neuesten Stand gebracht. Das Kapitel *Deine Anbindung an die sechste Dimension* entstand ursprünglich als Video für den Online Channeling Kongress 2020, wurde von Thomas Görden übersetzt und erscheint zum ersten Mal gedruckt.

Ebenfalls von Patricia Cori im AMRA Verlag erhältlich:
Lichtbotschaften vom Sirius 1: Weitsicht, Heilung, Wahrheit
Lichtbotschaften vom Sirius 2: Wachstum, Aufstieg, Entfaltung
Bevor wir euch verlassen. Botschaften der Wale & Delfine

Inhalt

Dieses Buch ist der Familie des Lichts gewidmet …
all jenen, denen ich auf meinem Weg begegnen durfte,
all jenen, die die Magie mit mir geteilt haben,
all jenen, die ihre Fragen mit mir geteilt haben,
damit ich sie an den Rat weitergebe.
Und es ist auch all jenen
nah und fern gewidmet,
die versuchen, unsere Welt
zu einem schöneren Ort zu machen.

Vorwort des Mediums

Es kann kein Zweifel daran bestehen, dass wir uns gerade in einem Strudel der Realitäten befinden, in dem wir wild kreiseln, während sich alles um uns herum grundlegend verändert. Ein unbeschreibliches Chaos herrscht in der Welt. Und doch: Lassen wir den Blick zum Horizont des menschlichen Daseins schweifen, entdecken wir eine weite Landschaft erwachender Seelen, die sich aus den Opiumfeldern erheben und einstehen für Schönheit, Wahrheit und eine von Liebe erfüllte Lebensweise.

Überall um uns herum tun sich gerade Gelegenheiten auf, die Neue Realität mitzuerschaffen, sie in unserer Welt zu manifestieren. Überall um uns herum erstrahlt das Licht des menschlichen Geistes, durchdringt es Schatten und Staub, ja die Dunkelheit selbst. Ein atemberaubender Anblick.

Können Sie auch sehen, was ich sehe?

Meine Lebensaufgabe als Heilerin und Schriftführerin der Sprecher des Hohen Rats vom Sirius hat mich schon in die entlegensten Winkel unseres prächtigen Planeten geführt, um die Codes der Erde anzugleichen und die Mysterien der Alten zu entdecken. Und doch habe ich dabei, wenn überhaupt, nur an der Oberfläche der dichten Materie unserer Geschichte und der Geheimnisse des Universums gekratzt. Und wohin ich auch kam, stieß ich auf Spuren des Kampfs zwischen Licht und Dunkel, in dem Menschen und Gottheiten das Schicksal der Menschheit in den Sand der Zeit geschrieben haben.

Wir haben triumphiert – wir haben überlebt. Wir wurden wiedergeboren, neugeboren. Wir sind aus der Asche wiederauferstanden, so wie wir auch jetzt, in diesem Augenblick, wiederauferstehen – und uns über die Wolken emporschwingen in dem sicheren Wissen, dass Gott (was auch immer wir darunter verstehen mögen) existiert.

»Es gibt eine Ordnung im Chaos«, sagt der Rat. Die Spuren des Göttlichen sind selbst mit den disharmonischsten Schichten der Realität verwoben, so wie das Licht Spirits selbst die dunkelsten Winkel des Seelenkosmos durchdringt.

Es ist an der Zeit, unsere Angst und die Zweifel, die uns in die Wiege gelegt wurden und an denen sich viele, die vom Weg abgekommen sind, berauscht haben, restlos abzuschütteln. Es ist an der Zeit, für die eigene Wahrheit einzustehen, vielleicht sogar in einer nie dagewesenen Weise. Und zwar gerade jetzt. Jetzt erst recht – in dieser Zeit – steht es uns zu, auch andere aufzufordern, es uns gleichzutun und für die Wahrheit einzustehen, damit wir gemeinsam das Bewusstsein der Gruppenseele anheben und allen Lebewesen unserer wundervollen Welt Heilung, Vergebung und Erleuchtung schenken können.

Wir sind die Hüter Gaias, und jeder von uns hat eine Aufgabe, einen Schlüssel. Ausnahmslos jeder. Es sind unsere Einigkeit und unsere Stimme, die der Erde wieder zu ihrer Mitte verhelfen werden und sie in einen Zustand versetzen, an dem das Pendel nicht mehr wild hin- und herschwingt, wodurch wir in dauerhafter Dualität verhaftet bleiben.

Wir haben eine Mission. Wir haben eine Berufung.

Lassen Sie uns die Flamme hochhalten!

Unser Bewusstsein mutiert gerade, kristallisiert in uns auf Zellebene. Die hochkomplexen Fasern unserer DNA weben die lichtkodierten Stränge extradimensionaler Intelligenz noch einmal neu. Wir befinden uns mitten im Licht.

Wir *sind* das Licht ... und eilen einer neuen Morgendämmerung der Zivilisation entgegen.

Wo Licht ist, da gibt es nichts zu befürchten.

Da gibt es nur das Wunder eines Horizonts, der in gar nicht weiter Ferne liegt. Eines Horizonts, hinter dem die Harmonie wiederhergestellt wurde, hinter dem sie bereits Realität ist ... und das ist der Ort, auf den wir uns zubewegen.

Seien Sie also unbesorgt und tragen auch Sie bewusst zu dem bei, was nur Sie herbeiführen können – eine Menschheit und ein neues Leben für unsere Mutter Erde und ihre Seele Gaia.

Unsere Welt ist so wunderschön.

Leben Sie Liebe, Licht und die Großartigkeit der Menschheit, und Sie werden sofort erkennen, dass Sie diese Schönheit rundum umgibt.

Ich für meinen Teil werde mich nicht ins finstere Tal der Verzweiflung und Machtlosigkeit hinabziehen lassen. Dort liegt nicht unsere Zukunft.

Schließen Sie sich mir an?

Lassen Sie uns erhobenen Hauptes oben auf den Berggipfeln stehen und die dunklen Wolken davonpusten.

Seien Sie gesegnet!

Patricia Cori

Trydjya, Schriftführerin des Hohen Rates vom Sirius

Deine Anbindung an die sechste Dimension

Der Video Vortrag auf dem Online Channeling Kongress

transkribiert, übersetzt und für den Leser eingerichtet von Thomas Görden

»Ihr Lichtkreise auf der ganzen Welt,
ihr Lichtarbeiter, die ihr meine Bücher lest
und an meinen Seminaren teilnehmt,
ich danke euch sehr … für euer Vertrauen,
euer Gespür für Wahrheit und Demut
und dafür, dass ihr die Weisheit
der Sirianer feiert.
Wir verbreiten das Licht auf
diesem großartigen Planeten
und verbinden die Punkte miteinander.«

Patricia Cori

Wie man zum Channel wird

Guten Tag an alle meine Freunde in Deutschland und die Familie meines wundervollen deutschen Verlages AMRA, an Michael und das ganze Team. Es ist mir eine Ehre, hier zu euch zu sprechen, und ich bin dankbar, heute bei euch zu sein.

Ich bin Patricia Cori, das Channelmedium für den Hohen Rat vom Sirius. Der Name, den sie mir gegeben haben, lautet Trydjya von Antares. Antares deshalb, weil ich auch in diesem Sternensystem Zeit verbracht habe.

Michael hat mich gebeten, einige meiner Erfahrungen mit euch zu teilen, aus meinem wirklich erstaunlichen Entwicklungsweg hin zu einem der Channels für den Hohen Rat vom Sirius, und darüber, wie es ist, einen so großen Teil meines Lebens dieser Arbeit zu widmen. Es begann tatsächlich schon in meiner Kindheit – es begann 1996/97, als ich zum ersten Mal die Möglichkeit erhielt, in all das einzutauchen.

Immer wieder werde ich gefragt: Wie war dieser Einstieg ins Channeling? Woher wusstest du, ob die Kommunikation echt war und ist? Ich will darauf nicht zu viel Zeit verwenden, aber viele von euch wird das interessieren, besonders jetzt, denn es scheint, dass sehr viele von euch sich danach sehnen, diese Art von Einstimmung zu erfahren.

Sie suchen nach Rat, nach Führung, um zu erkennen, wie es für sie weitergehen soll. Also erzähle ich denen, die damit noch nicht vertraut sind, kurz meine Geschichte.

Wenn ihr alle meine Bücher gelesen habt, seid ihr darauf sicher schon gestoßen. Aber um auch die anderen auf denselben Stand zu bringen: Als Kind waren Wesen bei mir, von Anfang an. Wir hatten ein Haus in den Bergen, viel Land. Ich verbrachte den größten Teil meiner Zeit auf den Feldern, wo ich kleine Forts baute. Ich lag im hohen Gras und träumte. Ich war in gewisser Weise ein isoliertes Kind, weil ich das mittlere Kind war, mit einem älteren Bruder, und mein kleiner Bruder war noch nicht geboren. Ich verbrachte viel Zeit tagträumend und fühlte mich eins mit der Natur, von Anfang an.

Meine Mutter erzählt – oder erzählte, denn sie hat inzwischen die physische Ebene verlassen –, dass ich, als ich vier war, in die Küche kam. Ich schaute sie an und sagte: »Es ist Zeit, dass du die Wahrheit über mich erfährst.« Meine Mutter war gerade mit Kochen beschäftigt. »Wie meinst du das?«, wollte sie wissen. Ich sagte: »Ich bin nicht aus diesem Universum.« Bedenkt, dass das in den 1950er Jahren war. Angesichts dessen, was wir heute wissen, wäre ein solcher Satz eines Kindes nicht weiter ungewöhnlich, aber in den 1950er Jahren war es einfach nicht üblich, so etwas zu sagen. Also fragte meine Mutter: »Was meinst du damit? Woher kommst du denn?« Ich antwortete: »Ich komme aus einem anderen Universum, und ich möchte, dass du das weißt.« Dann ging ich hinaus.

Das war der Beginn einer wunderbaren Beziehung zu meiner Mutter, die mir den Raum gab, solche Eingebungen zu haben. Sie sagte nicht, ich solle damit aufhören und das gäbe es alles nur in meiner Fantasie. Sie ermutigte mich vielmehr.

Sie sagte zu mir: »Lass es ein Geheimnis zwischen uns beiden sein, denn manche Menschen werden es nicht verstehen.« Ich war einverstanden und schloss diesen Pakt mit meiner Mutter, die mein Schutzengel war. Ja, sie war zeit ihres Lebens mein Schutzengel – und ist es noch.

Ich sah damals immer wieder diese Wesen, kleine blaue Wesen, elfenähnlich, wie Tinker Bell. Sie hatten Flügel, und ständig redeten sie mit mir. Und wenn ich auf einer Wiese lag, im hohen Gras, saßen sie auf den Spitzen der Grashalme und flatterten mit den Flügeln, ließen mich wissen, dass sie da waren. Sie kommunizierten telepathisch mit mir, genauso wie es heute der Hohe Rat vom Sirius tut – über Dinge, über die damals niemand sprach, Dinge, die absolut avantgardistisch waren, erst recht für ein Kind.

Ich erfuhr von Kristallen, von meinem Leben als Kristallhüterin in Atlantis. Sie lehrten mich viel und halfen mir, mich zu erinnern. Sie begleiteten mich jahrelang durch meine Kindheit. Stellt euch vor, wie das ist. Wenn du ein medial begabtes Kind bist und niemand sich einmischt, bemerkst du gar nicht, dass das *nicht* ganz »normal« ist, dass die meisten Menschen diese Wesen *nicht* sehen, diese Töne oder Stimmen *nicht* hören können, *keine* Zeitreisen kennen, oder wie immer man solche Erfahrungen eines sehr hellsichtigen, medial empfänglichen Kindes nennen möchte, das mit alledem aufwächst. Mir dämmerte es nicht einmal ansatzweise, dass es ungewöhnlich war, Wesen zu sehen, mit ihnen zu sprechen, all diese Informationen zu hören. Für mich war das völlig alltäglich.

Es dauerte ziemlich lange, bis ich begriff, dass andere keine Aurafelder oder Energieräder sehen konnten und solche Kommunikationen nicht kannten. Meine Mutter hütete meine Gabe und wertschätzte sie, so dass sie sich entfalten konnte. Ich musste diese Gabe nicht vergessen, um sie später neu zu erlernen, wenn ich frei genug dafür war, wie es so vielen Menschen ergeht, denen sie ausgeredet wird – von Religion, Schule, Autoritäten, Eltern. Und nur, wenn man später Glück hat, erinnert man sich wieder und kann sich dafür öffnen. Bei mir war das nicht der Fall. Ich hatte diese wunderbare Mutter.

Während meiner ganzen Kindheit war ich hellsichtig. Ich kommunizierte mit den Wesen, kleinen blauen Leuten, von denen ich später erfuhr, dass es die Sirianer waren. Ich war eingestimmt auf all diese galaktischen Informationen, Jahrzehnte bevor es zu dem wurde, was es heute ist. Und dann, im Jahr 1997, geschah etwas Gewaltiges!

Es war das Jahr meines Erwachens, wirklich, es war ein gewaltiges Erwachen. Ich befreite und öffnete mich ganz und gar. Und das geschah nach allem, was man so im Leben tut: sich verlieben, Karriere machen, nach all dem. 1997 war das Jahr eines großen Durchbruchs für mich. Ich tat so viel, reiste zwei Mal nach Tibet und ins Land der Mayas. Dort ging ich zu Schamanen, vor allem im Gebiet von Palenque. Sie hatten mich erwartet und erkannten mich! Sie wussten, dass eine Frau aus dem Norden kommen würde, ich kam aus Kalifornien. Sie nahmen mich in ihre Sippe auf, den Locandun-Stamm, und einmal baten sie mich sogar, eine der vier Hüterinnen der Himmelsrichtungen von Palenque zu sein.

Ich machte all diese außergewöhnlichen Erfahrungen, besonders in jenem Jahr. Aber die Erfahrung, die vermutlich mein Leben am stärksten veränderte, war meine Reise zu dem Kornkreis, der »Julia Set« genannt wird. Das war meine außergewöhnlichste Erfahrung. Ich hielt mich in dem Jahr in England auf, weil ich an einem College eine Farbtherapie-Ausbildung machte. Sie war ziemlich intensiv, nicht bloß ein Wochenende, sondern ein Zwei-Wochen-Kurs. Und eines Nachts träumte ich, dass ich über Stonehenge hinwegflog … und auf dem Feld gegenüber von Stonehenge sah ich diese enorme Spirale. In dem Moment sagte eine Stimme im Traum zu mir: »Achtung, das ist ein Schlüsselmoment für interdimensionale Kontakte und enorm wichtig für dich. Erwache, erwache, Sternensaat!« Und ich wachte jäh auf. Ich machte mir schnell Notizen über den Traum, es war genau 4 Uhr früh, die »violette Stunde« Gaias. Ich fertigte eine kleine Zeichnung von Stonehenge und der riesigen Spirale an, die viel größer als Stonehenge selbst war. Und der Traum verblasste nicht. Beim Frühstück mit den anderen Teilnehmerinnen, wir waren etwa zwanzig Frauen, erzählte ich davon. Niemand dachte sich etwas dabei.

An dem Wochenende besuchten wir Glastonbury. Viele von euch wissen sicher, dass dies eines der heiligen Portale auf dem Planeten Erde ist. Es liegt im Südwesten Englands, auf den Leylinien – ich sage nur Avalon –, es ist ein schöner, heiliger Ort. Wundervoll. Wir machten eine kleine Exkursion dorthin, und da war ein Buchladen, in den ich ging, und da an der Wand sah ich den Julia-Set-Kornkreis, Stonehenge, die Straße, die zwischen Stonehenge und dem Feld verläuft, und auf dem Feld dieses enorme Gebilde, genau in dem Größenverhältnis, wie ich es an jenem Morgen gezeichnet hatte.

Ich stand da, starrte das Bild an und sagte zu der jungen Verkäuferin: »Was ist das?« Nun, es war 1997, und natürlich hatte ich schon von Kornkreisen gehört, aber soweit es mich betraf, handelte es sich um umgebogene Grashalme, die von den landenden Schiffen Außerirdischer herrührten. Kurz zuvor war in Russland davon berichtet worden. Dort sollte es sich um Brandspuren eines gelandeten Raumschiffs gehandelt haben. Ich maß dem keine große Bedeutung bei.

Die Verkäuferin sagte: »Das ist ein Kornkreis.« Ich sagte: »Wie bitte? *Das* ist ein Kornkreis? Ich dachte, Kornkreise sind Brandspuren oder so etwas.« Sie sagte: »Nein. Es sind Formen, die auf den Feldern erscheinen.« Und ich sagte: »Wie sonderbar – ich hatte dort diesen Traum.« Ich erzählte ihn ihr. Sie schaute mich an, so, wie wir Medien einander anschauen, und sagte: »Es ist doch offensichtlich: Sie wurden zu diesem Kornkreis gerufen.« Als wir zum College zurückkamen, erzählte ich dem Professor von diesem Erlebnis, und er sagte zu mir: »Sehen Sie, Patricia, jetzt ist klar, warum Sie hier sind. Es geht nicht um Farbtherapie. Sie sind hier, um diesen Kornkreis zu besuchen. Und es ist mir eine Freude, Ihnen dabei zu helfen.« Immerhin ging es hier um eine Fahrt von knapp fünfhundert Kilometern, wenn ich mich richtig erinnere. Und er sagte: »Ich bringe Sie dorthin, denn ich bin sicher, dass Sie das unbedingt erleben sollten.« Das war der Beginn dieses Abenteuers.

Ich wurde also zu dem Kornkreis gefahren. Man muss wissen, dass Stonehenge im Sommer wohl die meistbesuchte Sehenswürdigkeit in England ist, und ich war im Juli dort. Die Straße zwischen Stonehenge und dem Feld mit dem Kornkreis ist die im Sommer meistbefahrene Straße Englands, weil die Touristen dann vom Norden in den Süden unterwegs sind. Dieser Kornkreis erschien an einem Nachmittag zwischen, ich glaube, 14 und 15:30 Uhr. Es ist belegt, dass ein Agrarflugzeug das Feld überflog. Und als es nach etwa zwei Stunden auf dem Rückweg wieder über das Feld flog, war die fertige Kornkreis-Formation im Feld sichtbar, 279 Meter lang. Der Pilot traute seinen Augen nicht. Er konnte ja aus der Luft alles überblicken. Und er war sicher, dass das Gebilde vorhin noch nicht dagewesen war. Er kannte sich aus, denn er flog immer diese Route. Also kann die Entstehung maximal zwei Stunden gedauert haben, denn nach dieser Zeit kehrte er zurück.

Es handelte sich dabei um 151 Kreise der Fibonacci-Folge. Für die, die nicht wissen, was die Fibonacci-Folge ist: Sie ist ein Quotient von 1,618 in Bezug auf Wachstumszyklen, wie man sie oft bei Pflanzen sieht, und eben auch bei Kornkreisen. Wenn ein Kreis einen Zentimeter groß ist, nur zur Veranschaulichung, wäre der nächste 1,618 Zentimeter groß und der folgende wäre 2,618 groß. Ich weiß nicht, ob ich mich verständlich ausdrücke, aber der Punkt ist der, dass es sich um eine perfekte mathematische Formel handelt, bei der sich die jeweils folgende Zahl durch Addition ihrer beiden vorherigen Zahlen ergibt – und das Unglaubliche ist, dass diese Folge einen großen Teil der Lebensstrukturen auf unserem Planeten beschreibt: die Verhältnisse der Wachstumszyklen, die Numerologie und Heilige Geometrie, die unseren biologischen Planeten definieren. In Bäumen und anderen Pflanzen, in so vielen Manifestierungen der Biologie sehen wir die Fibonacci-Folge.

Diese außerordentliche mathematische Formel in dieser vollkommenen Spirale, 151 Kreise in diesem Zahlenverhältnis, manifestierte sich in weniger als zwei Stunden am helllichten Tag, unmittelbar neben der zu dieser Jahreszeit meistbefahrenen Straße Englands und der am meisten besuchten Touristenattraktion, und niemand sah, wie es geschah. Lucie Pringle, eine Kornkreis-Reporterin und -Fotografin, sagte, einige Leute, die vorbeikamen, als der Kornkreis entstand, hätten Luftwirbel gesehen und blitzende Lichter, unerklärliche Dunstschleier. Sie bemerkten also etwas, eine Kraft, die dort am Werk war.

Als ich den Kornkreis betrat, hatte ich das Gefühl, als würde jemand nach mir greifen und mich hineinziehen. Und der Professor, ein eher linkshirnig ausgerichteter Mensch, redete die ganze Zeit. Ich sagte: »Entschuldigen Sie, ich brauche etwas Stille, wenn ich mich in diese Situation begebe.« Er sagte: »Oh, natürlich, ich vergaß, dass Sie ein Medium sind. Ich verschwinde und hole Sie später wieder ab.« Dann ging er hinüber zum Stonehenge-Monument. Und das war's. An mehr erinnere ich mich nicht. Ich fiel in dem Kornkreis auf den Boden, und ich fing an zu rotieren und zu rotieren. Plötzlich war mir, als würde ich meinen Körper verlieren. Ich wurde zu Klang, hatte kein Körpergefühl mehr. Ich wirbelte, wirbelte immer schneller. Und ab einem bestimmten Punkt war ich einfach weg.

Dieses »Wegsein« war eine galaktische Astro-Reise, wie ich sie noch nie zuvor erlebt hatte.

Als ich zurückkam, wirbelte ich in meinem Körper und ... *Bäng!* Das Wetter war anders, das Licht war anders. Es war viel, viel später. Ich blickte auf, und da war der Professor. Er sagte: »Sind Sie in Ordnung, Patricia?« Ich antwortete: »Oh, mein Gott, ich glaube, ich war für eine Weile weg, für ein paar Minuten.« Und er sagte: »Sie waren zweieinhalb Stunden weg.« Jetzt erst wurde mir klar, dass man mich an einen Ort gebracht hatte, wo ich auf das sechsdimensionale Frequenzband der Sirianer eingestimmt worden war. Als ich aus England abreiste, war ich nämlich immer noch nicht in meinem Körper. An Bord des Flugzeugs zu gehen fiel mir wirklich schwer. Ich fand mich nur schwer zurecht, und als ich nach Hause kam, drei Tage später, fing ich an zu channeln.

Das erste Erlebnis war ein Trance-Channeling. Ich fand mich vor dem Computer wieder und starrte auf das, was ich in der Trance getippt hatte. Es war die erste Seite von *Kosmos der Seele*, dem ersten Buch der »Sirianischen Offenbarungen«.* Und seither, oh mein Gott, war das eine Reise! Inzwischen habe ich in den USA vierzehn Bücher veröffentlicht, nicht nur die gechannelten Offenbarungen. Ein anderes Buch ist *Bevor wir euch verlassen*, das bei euch in Deutschland AMRA herausgebracht, mit Botschaften der Wale und Delfine. Ich schrieb auch einen Roman: *The Emissary*. Und vierzehn Bücher später arbeite ich immer noch mit dem Hohen Rat vom Sirius zusammen, und es ist nach wie vor das wunderbarste Geschenk, das ich in diesem Leben empfangen habe, ausgenommen das Geschenk, die wunderbarste Mutter gehabt zu haben, die man sich überhaupt

---

* Das Buch erschien 2004 erstmals auf Deutsch, zwei Jahre später gefolgt von Band 3, *Keine Lügen, keine Geheimnisse mehr*, beide im Verlag Neue Erde. Der mittlere Band der frühen Trilogie wurde damals nicht übersetzt, ist jetzt aber als *Atlantis steigt auf* bei AMRA in Vorbereitung.

vorstellen kann. Nun habt ihr einen Eindruck davon, wie ich dazu kam, den Hohen Rat zu channeln.

Ich werde immer wieder gefragt: »Wie ist das, wenn man channelt? Woher weißt du, dass du wirklich Wesen aus den höheren Dimensionen channelst und nicht dein eigenes höheres Bewusstsein?«

Das ist eine gute Frage! Andere wollen wissen: »Woher weißt du, dass es höhere Wesen sind und keine niederen Astralwesen?« Auch eine gute Frage! Also, zur ersten Frage: Woher weißt du, dass es nicht dein eigenes höheres Bewusstsein ist? Es spielt für mich nicht wirklich eine Rolle, ob das so ist, denn im Endeffekt ist doch höheres Bewusstsein einfach höheres Bewusstsein. Ob nun Wesen aus der sechsten Dimension mir Informationen für euch bringen oder mein eigenes höheres Bewusstsein in der Lage ist, euch Informationen zu übermitteln, es kommt doch eigentlich nur auf die Qualität, den Wert, die Essenz der Botschaften an. Klammern wir uns nicht an das Wer, Wann oder Was! Ich weiß, das ist gerade sehr in Mode. Alle reden von Channelings aus allen möglichen Sternensystemen und Dimensionen. Für mich kommt es einfach nur darauf an, dass die Informationen *von allerhöchster Qualität* sind, mit den *reinsten Absichten*, in der Lage, Seelen zu berühren und Leben zu verändern, Menschen geistig für andere Möglichkeiten zu öffnen – für galaktische Erfahrungen, für das Wissen, *dass wir nicht sterblich sind.*

Und ist es nicht aufregend zu wissen, dass wir nicht allein sind, zu wissen, dass wir selbst multidimensionale Wesen sind und dass wir tun, was Channels eben tun: die Verbindung wiederherstellen! Ob wir uns selbst anzapfen oder wirklich jemanden channeln – manchmal denke ich, das spielt gar keine Rolle. Aber woher weiß ich, dass ich mir nicht etwas vormache, dass es nicht reine Fantasterei ist?

Es ist dieser gewaltige Vorrat an Wissen.

Die meisten Informationen des Hohen Rates sind sehr spezifisch, und eine Menge anderen gechannelten Materials ist das nicht. Es ist vielleicht schön und liebevoll, Botschaften von Liebe und Frieden und so, aber der Hohe Rat vom Sirius hat sehr detaillierte Informationen über das Quantenuniversum durchgegeben. Überlegt einmal, wie revolutionär das ist. Vor zweiundzwanzig Jahren erschien dieses erste Buch. Und es enthält bereits sehr spezifische wissenschaftliche Informationen. Ich besitze *keine* naturwissenschaftliche Ausbildung. Ich habe einen geisteswissenschaftlichen Collegeabschluss. Quantenphysik? Du meine Güte! Nein. Ich schaute mir an, was ich gechannelt hatte, und war zutiefst erstaunt, dass, obwohl ich über keinerlei Ausbildung auf diesem Gebiet verfüge, dennoch all diese Informationen über Quantenphysik, das Quantenuniversum, aus mir hervorsprudelten. Hätte ich also das Gefühl, jemanden überzeugen zu müssen, würde ich einfach sagen, dass es sich um Informationen handelt, die ich mir in diesem Leben niemals angeeignet habe.

Und die zweite Frage war: Woher weißt du, dass die höchsten Absichten dahinterstehen und nicht bloß ein Astralwesen mit dir seine Spielchen treibt? Auch das ist eine sehr gute Frage. Die untere Astralebene ist ja wirklich voller Wesen. Diese Wesen haben *nicht* die höchsten Absichten. Einige sind recht harmlos, andere können großen Schaden anrichten. In einer Zeit, in der dunkle Kräfte auf der Erde am Wirken sind, gibt es hohe Aktivitäten auf der niederen Astralebene. Da gibt es viele Wesenheiten. Sie werden von Menschen gerufen, die Magie praktizieren, die dunkle Seite der Magie.

Aber zunächst einmal bin ich sehr vorsichtig. Ich verrichte viel heilige Arbeit, widme mich Heilbehandlungen, gebe Readings, schreibe und channele, meditiere enorm viel. Ich verbringe also eine Menge Zeit in entsprechenden Bewusstseinszuständen. Und ich beginne bei jeder dieser Tätigkeiten immer mit einer Anrufung der Engelkrieger des Lichts. Ich bitte die Engelkrieger, mich in goldenes und weißes Licht einzuhüllen. Ich bitte darum, dass alle Energien, die nicht die höchsten Absichten verfolgen, weggeschickt werden zu ihrer Quelle, wie es ihrer Bestimmung entspricht. Und ich freue mich, euch die Anrufung der Engelkrieger am Ende dieses Vortrags anbieten zu dürfen. Ich möchte sie euch gerne schenken, damit ihr sie verwenden könnt. Dann kann es auch für euch zu etwas ganz Natürlichem werden, die Engelkrieger des Lichts herbeizurufen und sie zu bitten, eine Lichtsphäre um euch herum zu erschaffen. Dann seid ihr vor störenden Einflüssen geschützt.

Woher ich das weiß? Ich weiß es mit Sicherheit, *weil* ich heilige Arbeit verrichte und immer schon um mich herum den heiligen Raum erschaffe. Auch habe ich bei meiner jahrelangen Arbeit als Heilerin schon alles erlebt.

Leute sind für Kristallheilung zu mir gekommen, zum Bersten von Wesen besetzt und voll mit jeder Art von Müll. Ein großer Teil meiner Arbeit bestand darin, ihnen zu helfen, sich davon zu befreien. Aber mir ist niemals etwas geschehen. Dank dieser Anrufung bin ich völlig geschützt.

Und was die Sirianer angeht, so braucht ihr eigentlich nur das Material zu lesen, die Liebe zu fühlen, dieses großartige Bewusstsein, dass für alle lebenden Wesen nur das Beste will, das Beste für uns, um zu wissen, dass auch der Hohe Rat nur die höchsten Ziele anstrebt. Und er scheut sich nicht, uns die Wahrheit zu sagen über das, was wir gegenwärtig durchmachen. Es werden keine Wolkenkuckucksheime errichtet. Es sind keine süßlichen, oberflächlichen Botschaften. Es sind sehr machtvolle Informationen über unsere Situation, die galaktische Situation, die Situation der Erde, eine Menge ernste Themen, die uns vermittelt werden. Aber vor allem wird uns die *Geometrie des Bewusstseins* erklärt – die wundervolle Dynamik, das heilige Verhältnis, durch das alle subatomaren

Teilchen miteinander verbunden sind, alle Lebewesen, alles ist durch diese Geometrie verbunden. In den Botschaften, die ich für die Sirianer durchgebe, gibt es endlose Erklärungen zur Heiligen Geometrie subatomarer Teilchen, zur heiligen geometrischen Form unserer DNA.

Die Leute fragen mich oft … und damit kehren wir für einen Moment zu den Kornkreisen zurück: »Was glaubst du, wer lässt sie erscheinen, was steckt dahinter? Und glaubst du wirklich, dass sie von Aliens geschaffen werden?« Und ich antworte: »Nun, angenommen, ihr wärt Bewusstsein aus einer anderen Dimension oder von einem anderen, technologisch höher entwickelten Planeten – obwohl wir ja auch schon eine Menge Alien-Technologie haben. Also, angenommen, ihr wollt mit einer planetaren Spezies kommunizieren, die vermutlich intelligent ist. Und ihr wollt ihr etwas Intelligentes, etwas Wichtiges mitteilen, Kontakt mit ihr aufnehmen, welchen besseren Weg als Kornkreise kann es geben, Intelligenz zu demonstrieren? Eine sprachliche Verständigung ist ja nicht möglich. Also erschafft ihr auf den Feldern eines Planeten Formen der Heiligen Geometrie, mit denen ihr ein enormes Wissen demonstriert, Kenntnisse über Mathematik, Geometrie, Heilige Geometrie eben. Denn das ist es, was uns alle verbindet.«

Diese Art der Verbindung, darin liegt so viel Liebe … Weisheit, Liebe und Schönheit – das ist es, wonach wir streben! Und wie ich schon am Anfang sagte, viele Menschen sind heute begierig, selbst Kontakt aufzunehmen und zu channeln. Ich frage mich, wie erreiche ich das, wie erzeuge ich einen reinen Kanal? Das ist eine wirklich schwierige Frage. Genau wie die Frage: Wann wird sich mein Drittes Auge öffnen? Wie kann ich es öffnen? Und man könnte acht Millionen Kurse belegen, bevor das passiert. Dein Drittes Auge öffnet sich, wenn du bereit dafür bist. Wenn du diesen Grad von Bewusstheit erreicht hast. *Plopp!* Manchmal steigt dazu die Kundalini auf. Ich weiß gar nicht genau, wie ich es beschreiben soll, denn bei mir war das Bewusstsein immer offen.

Aber eines muss ich sagen: Beim Channeling ist kein Platz für das Ego – das menschliche Ego, dieses Gefühl, es geht um dich selbst. Die Leute fragen: Wie fühlt es sich an, auserwählt zu sein? Da sage ich immer: Hier geht es nicht um Auserwählte. Ich fühle mich *niemals* anderen überlegen.

Es hat etwas mit meiner Arbeit, meinem Leben, meiner Fähigkeit als Medium zu tun, vielleicht auch mit früheren Leben. Ich hinterfrage das nicht. Ich weiß nur, dass ich aus einem wunderbaren Grund mit diesen Wesen in Kontakt stehe, inzwischen seit zweiundzwanzig Jahren, meine Kindheit mit den kleinen blauen Wesen nicht mitgerechnet, zweiundzwanzig Jahre direkte Kommunikation mit den Sirianern, und mit den Walen und Delfinen, die auch Mitglieder des Hohen Rates vom Sirius sind. Was das menschliche Ego angeht, kann ich nur sagen: Wenn ihr mich sprechen hört, meine Videos seht, sogar in den Büchern, geht es immer um *Demut*, nicht um den Glauben, etwas Besonderes zu sein, nicht um die Frage, ob man auserwählt ist, sondern einfach darum, *dienen* zu dürfen. Man erhält aus einem wunderbaren Grund die Fähigkeit, diese Informationen zu übermitteln. Es geht nicht darum, dass *ich* es bin. Es kommt *durch* mich. Wie Khalil Gibran sagte: »Eure Kinder kommen nicht von euch, sondern durch euch.« Ein wundervolles Gedicht …

Hier ist es genauso: Es kommt nicht *von* dir, es geht nicht um dich. Du bist einfach aus irgendeinem Grund die Antenne. Es ist etwas an deiner Frequenz, das es dir ermöglicht, dieses Wissen zu empfangen. Es gibt keine Formel, die das ermöglicht, außer dass du dich demütig zur Verfügung stellst, deine Arbeit als spiritueller Mensch tust, meditierst, dir ein offenes Herz bewahrst – und dann *träume*, greife nach den Sternen! Und manchmal frage einfach, *bitte* darum.

In meinem Heilungscenter in Rom hatte ich einmal eine Schülerin. Sie war so fasziniert von meiner Arbeit. Sie erzählte, dass sie eines Abends vom Kurs nach Hause kam und sagte: »Bitte, bitte, kommt in mich hinein, ich will euch unbedingt fühlen! Kommt und lasst mich fühlen, wie es ist, ein Channel zu sein!« Und ich muss euch sagen, es war eine lange, schwere Arbeit, sie wieder von dem zu befreien, was sie sich auf diese Weise eingefangen hatte. Du solltest nie einfach darum bitten, dass ein Geist in dich fährt, denn es ist äußerst wahrscheinlich, dass dann genau das passiert.

Dadurch hat sie eine Menge über Integrität gelernt, und sie musste lernen, dass beim Channeln nichts in uns *eindringt* und wir ganz sicher keine Wesen dazu einladen, Besitz von uns zu ergreifen. Vielmehr müssen wir unsere Integrität und Demut bewahren, aufgeschlossen und lernwillig sein und uns immer an die Ebene mit der höchsten Absicht wenden. Man kann es so formulieren: »Wenn ich als Kanal für die Weisheit von Wesen aus den höheren Dimensionen dienen soll, bin ich dazu bereit, wenn diese Wesen das höchste Gute anstreben, das höchste Wohl aller Beteiligten.« So geht das.

Heute wollen so viele Menschen channeln, und es gibt all diese Channels. Es wird fast zu viel. Der eine Channel sagt dies, der andere das. Und wenn ihr meine Meinung hören wollt: Viele dieser Menschen channeln überhaupt nicht. In letzter Zeit höre ich sie oft sagen: »Oh, ich empfange einen Download.« Seid damit vorsichtig, sehr vorsichtig. Ich will nicht sagen, dass Unmengen von Scharlatanen unterwegs sind, aber es gibt sie. Es gibt aber auch viele Menschen, die glauben, sie *würden* channeln. Viele von ihnen haben ihr Energiefeld nicht gereinigt, haben nicht um Schutz gebetet, haben nicht klar erklärt, dass sie ausschließlich der höchsten Absicht dienen werden. Und so empfangen sie ein paar ganz schön bizarre Störungen. Vielleicht kennt ihr einige dieser Menschen. Sie haben anfangs gute Absichten, doch plötzlich fangen sie an, ziemlich sonderbares Zeug durchzugeben.

Ich empfehle auch hier, was man immer beherzigen sollte: *Akzeptiert nur das als wahr, was sich für euer Herz auch wirklich wahr anfühlt.* Man kann es nicht beweisen. Man kann nicht beweisen, dass etwas, was jemand erzählt, wirklich gechannelt und wahr ist. So wenig, wie wir beweisen können, dass Gott existiert. Der einzige Ort, an den ihr euch wenden könnt, um etwas eingehend zu prüfen, das euch erzählt wird, ist euer Herz. Fragt euer Herz, ob es sich richtig anfühlt. Erfüllt es euch mit Hoffnung oder Verzweiflung, fühlt ihr euch gestärkt? Wesen aus höheren Dimensionen, die es gut mit der Menschheit meinen, wollen euch *Kraft* geben, sie wollen *helfen*, nicht Angst verbreiten. Sie wollen die Dunkelheit erhellen. Und denkt vor allem daran, dass ihr einfach ein Kanal seid für ihre Energien.

Und natürlich müssen noch andere Aspekte berücksichtigt werden. Wenn ihr Channel sein wollt, ein reiner Channel, dann müsst ihr reine Essenz sein, ein reines menschliches Wesen. Damit meine ich: euren biologischen Organismus mit der bestmöglichen Nahrung versorgen. Denkt daran, dass ihr elektromagnetische biologische Organismen seid. Wenn ihr Drogen konsumiert, Alkohol oder Medikamente missbraucht – und das ist keine Moralpredigt –, könnt ihr keine *reinen* Channel sein. Das erzeugt eine Art Nebel und ihr verschließt euch innerlich, außerdem ist es sehr gefährlich. Wenn ihr sagt, ihr wollt ein reiner Kanal sein, und dann Alkohol und all die anderen stimmungsverändernden Drogen konsumiert, ist diese Definition als reiner Kanal auf jeden Fall gefährdet.

Wenn ich mit Menschen arbeite, Readings für sie mache, in ihrem Energiekörper lese, weiß ich immer, ob sie suchtkrank sind. Ich sehe den Riss in der Lichtbogen-Hülle. Dort können Wesenheiten eindringen, und dann hört man, wie wundervoll man ist, was für ein erstaunlicher Channel man ist, was für ein Geschenk für die Zivilisation. Und es ist gut möglich, dass ihr auch schon Zeuge davon wurdet, denn viele Leute sind sich nicht bewusst, dass sie in solchen Bewusstseinszuständen Wesen anlocken können, die dann die Verbindung stören. Und es ist nicht leicht, diese Wesen wieder loszuwerden.

Daher noch einmal: Wenn ihr euch fragt, wie man ein *reiner* Channel wird, dann geht es zunächst darum, wie ihr euren Körper behandelt. Wie behandelt ihr euren Energiekörper? Wie behandelt ihr euren physischen Körper? Darüber spreche ich als Nächstes. Wie könnt ihr eure physische, elektromagnetische Einheit optimal in Form und Gleichgewicht halten, so dass ihr in der Lage seid, diese hohen Frequenzen zu channeln?

Der bioelektromagnetische Energiekanal

Ich werde jetzt über den elektromagnetischen Körper sprechen, die bioelektromagnetische Einheit, die wir alle sind. Das ist natürlich nicht auf uns Menschen beschränkt. Das Leben zeichnet sich durch elektromagnetisch-dynamische Interaktion aus. Die planetaren Körper tauschen sich mit anderen planetaren Körpern als interagierende Himmelskörper aus.

Wir wissen eine Menge über Himmelsenergie, aber manchmal vergessen wir, dass jene Dualität und Polarität, bei der wir darüber sprechen, wie wir sie verfeinern wollen, die Natur der Existenz selbst ist: links-rechts, männlich-weiblich, Shiva-Shakti, Logik-Intuition. Nennt es, wie ihr wollt: elektrisch-magnetisch. Es gibt diese wichtige Energieinteraktion, die das Leben, die Schöpfung, die Existenz ausmacht.

Das gesamte Universum beruht auf diesem Prinzip. Die Polarität wird aber in den höheren Dimensionen feiner, da alle Materie, alles Bewusstsein auf der göttlichen Spirale emporsteigt, zurück zur Quelle. Das ist für uns in diesem Jahrhundert auf dem Planeten Erde ganz sicher von Interesse.

Da es hier darum geht, wie man channelt, wie man ein Channel wird oder wie das alles überhaupt funktioniert, möchte ich mich dem Thema zuwenden, wie wir in unserer bioelektrischen Gestalt den Energiefluss steuern können und wie wir dadurch manchmal in Kontakt mit dem bioelektrischen Informations-Highway treten können, den wir als die höheren Dimensionen bezeichnen, oder mit den Wesen, die von dort mit dreidimensionalen Wesen oder dem dreidimensionalen Materiefeld kommunizieren möchten.

Ich bitte nun diejenigen unter euch, die das schon kennen, um etwas Geduld, denn ich werde kurz das Chakrasystem beschreiben. Vielen Leuten ist nicht bewusst, dass wir diese Chakren haben, sieben primäre Chakren, die ich hier wohl nicht eingehend beschreiben muss. Sie befinden sich am zentralen Nadi, der Sushumna. Parallel zu dieser zentralen Energieleitbahn verlaufen Ida und Pingala, und diese beiden Nadi interagieren ständig mit den Chakren.

Das bedeutet, dass unter bestimmten Umständen die ionischen Feldstärken zwischen diesen beiden Nadis ständig fluktuieren, variierend von einem minimalen Energiezustand zu einem aufgeladenen, hohen Energiezustand.

Und wenn dieser aufgeladene, hohe Energiezustand existiert, ist man empfänglicher und besser in der Lage zu channeln. Das macht Sinn, denn die Frequenzen, die wir übermitteln wollen, sind hoch aufgeladene Energie. Es handelt sich um eine Frequenz, die jenseits unserer Realität des drei- oder vierdimensionalen Bewusstseins schwingt. Es geht also darum, dass ihr in eurem bioelektrischen Körpersystem ein hoch aufgeladenes, gut fließendes und ausbalanciertes elektromagnetisches Feld erzeugt. Das wird zurzeit behindert, weil dieses Maskentragen, das man uns wegen unseres neuentdeckten Gesundheitsproblems verordnet, die Sauerstoffversorgung behindert. Auch stört es den Pranafluss der Energie hinein in den Körper. Es ist also sehr wichtig zu verstehen, wie das funktioniert, und es ist extrem wichtig für Menschen, die gerne channeln möchten.

Dabei genügt es nicht, mit den höheren Chakren zu arbeiten. Das gesamte Energiefeld, die gesamte elektromagnetische biologische Einheit muss eingestimmt werden.

Wenn ihr lediglich die oberen Chakren aktiviert, ist das wie ein Motor, der nur auf zwei Zylindern läuft. Ihr braucht alle Chakren, funktionierend und gereinigt. Das bedeutet, ihr müsst intensiv an euch arbeiten. Und dabei beginnt ihr am besten mit dem Wurzelchakra, durch das ihr euch mit Gaia, Mutter Erde, verbindet. Damit zieht ihr die Energie aus der Erde herauf, das Mineralische, die dynamische Energiequelle dieses Planeten, und ihr erinnert euch daran, dass ihr mit einer Bestimmung hierhergekommen seid.

Viele Menschen sind Sternensaat und sprechen davon, dass sie aufbrechen wollen, dass sie es kaum erwarten können, die Erde zu verlassen, dass sie hier alles erledigt haben und zurück nach Hause auf ihren Stern wollen. *Ihnen fehlt Erdung*, sie nehmen keine Verbindung zur Erde auf. Deshalb werden sie, meiner bescheidenen Meinung nach, niemals in der Lage sein, wirklich reine Channels zu werden. Sie übernehmen keine Verantwortung für die Entscheidung, die sie doch auf Seelenebene getroffen haben.

An dieser Stelle möchte ich auf etwas Wichtiges hinweisen, für diejenigen unter euch, die sich als Sternensaat fühlen. So viele Menschen sagen: »Ich will hier weg. Ich will nach Hause, denn ich weiß, dass es dort besser ist.«

Aber dies ist meine Botschaft an alle: *Wenn ihr es hier nicht schafft, etwas Schönes beizutragen, werdet ihr es euch auch nirgendwo anders schön einrichten können.* Wenn ihr begreift, dass die Materie eure Schöpfung ist, dass euer Leben eure Schöpfung ist und dass ihr mit eurem Denken, eurem Bewusstsein an der Gestaltung des größeren Körpers dieser Zivilisation mitwirkt, auch *das* also eure Schöpfung ist, dann bedeutet das Gefühl, ein Opfer zu sein oder nicht Teil dieser Schöpfung sein zu wollen, *dass ihr eure Macht verleugnet.*

Ihr müsst viel Kraft und Energie haben, um als Channel dienen zu können. Ihr müsst sehr gut in der Wahrheit geerdet sein, sehr solide mit der Erde verbunden. Ihr zieht dann nämlich Energie in euer System, genau wie bei Meditationen, und müsst euch dafür sehr gut erden. Um zu channeln, müsst ihr immer extrem gut geerdet sein, denn wenn ihr es wissenschaftlich betrachtet, zieht ihr elektrische Energie an, die ihr in eurem Sein magnetisiert. Und dafür ist es notwendig, dass ihr gut in diesem wunderschönen Magneten verankert seid – dem Planeten Erde, der Mutter, Gaia. Ihr müsst euch also eure Probleme *anschauen*, die Fragen des Überlebens, die Angst, die der Gesellschaft eingeflößt wird, das Gruppenbewusstsein, die Überlebensangst, eure Angst vor allem und jedem. Das betrifft das Wurzelchakra und auch das zweite Chakra.

Wie ihr diese Themen überwinden könnt? Um ein reiner Kanal zu werden, müsst ihr unbedingt verstehen, dass ihr hier nur auf der *Durchreise* seid. Es gibt hier nichts, wovor ihr euch fürchten müsst. Ihr dürft euch eurer Unsterblichkeit bewusst werden. Ihr habt es mit Wesen zu tun, die nicht länger physisch verkörpert sind und deshalb alles über die Unsterblichkeit wissen. Und ihr müsst es ihnen ermöglichen, mit euch in Resonanz zu gehen in eurem emotionalen Speicher oder eurem Unterbewusstsein – nennt es, wie ihr wollt. Diese Resonanz ist die Voraussetzung dafür, dass sie ihr Wissen durch euch übermitteln können. Es dürfen für euch nicht irgendwelche absonderlichen, fremdartigen Informationen sein, sondern es muss etwas sein, das ihr versteht. Nur dann seid ihr in der Lage, diese Gedankenblasen, die durchkommen, zu interpretieren, diese elektrischen Signale, die in euer Gehirn übermittelt werden und dann von euch in Worte übersetzt werden müssen.

Das ist, als würdet ihr einen Morsecode entschlüsseln. Jede Ebene eures Seins ist an diesem Kontakt beteiligt. Euer ganzer bereits vorhandener Wissensschatz wird dabei benötigt. Ebenso all eure emotionalen Frequenzen. Das versetzt euch erst in die Lage, die Botschaften in Sprache zu übersetzen. Deshalb muss das untere Chakra sehr stabil sein.

Ich sagte ja, dass es darum geht, was ihr tun könnt, um ernsthaft als Channel zu arbeiten.

Zunächst einmal müsst ihr euch selbst vollständig heilen. Nicht, dass jemals jemand wirklich vollkommen geheilt wäre, aber ihr müsst echt an euch arbeiten. Ihr müsst die Anforderungen des materiellen Lebens im Griff haben. Ihr könnt nicht in einem Zustand der Panik oder Furcht leben und dann glauben, ihr könntet mal eben so eure Frequenz anheben. Wenn euer normaler Bewusstseinszustand so aussieht, dass ihr euch sorgt, wie es euren Kindern geht, wie ihr eure Rechnungen bezahlen könnt, oder ihr Angst um euren Job habt, ist das eine niedrige Schwingungsfrequenz. Ihr bleibt dann an die niederen Ebenen gebunden, solange ihr diesen Zustand nicht beseitigt. Und der einzige mir bekannte Weg, ihn zu beseitigen, ist, euch klarzumachen, dass, was auch immer im Leben geschieht, ihr *unsterbliche Wesen* seid, dass das einfach nur ein vorübergehender Zustand ist, ein sehr dichter Zustand.

Erkennt, dass ihr auf der Seelenebene wisst, was ihr tut. Ihr wusstet, dass dies kein leichter Weg sein würde, als ihr euch entschieden habt, hier zu inkarnieren, in diesen Zeiten. Und nehmt das an, lasst euch darauf ein, übernehmt Verantwortung. Das verleiht euch Energie.

Es ist eine sehr buddhistische Philosophie – erkennt, öffnet euch dafür und akzeptiert, dass es einen Grund für euer Hiersein gibt, statt euch davonmachen zu wollen, weil euch alles zu schwer, zu hart erscheint und ihr die anderen für zu wenig entwickelt haltet. Ihr habt es selbst so gewählt, und dafür muss es einen Grund geben. Und wenn ihr euch darauf konzentriert, von hier fliehen zu wollen, bedeutet das, dass ihr die Absicht eurer Seele missachtet.

Doch für höhere Energiearbeit ist die Absicht eurer Seele von zentraler Bedeutung. Das spielt also eine wichtige Rolle. Und dann müsst ihr euch nach oben ausrichten, um euch für diese Energie zu öffnen, und selbst energievoll, machtvoll sein. *Ich* bin hier, *ich* bin hier für diese Show, *ich* bin hier, um Schönheit zu erschaffen. *Ich* bin hier, um in meiner täglichen Arbeit, in meinem Leben Sternensaat-Erinnerungen zu manifestieren und auf diese Weise der Menschheit zu dienen. Das alles entspricht der Absicht eurer Seele.

Und dann müsst ihr euer Herz öffnen, es wirklich für die bedingungslose Liebe öffnen. Dabei müsst ihr mit euch selbst beginnen. Akzeptiert eure Entscheidungen, akzeptiert die Wahl, die ihr getroffen habt, und öffnet euch dafür, statt euch immer wieder zu wünschen, ihr wärt nicht hier und hättet auf Seelenebene nicht diese Entscheidungen getroffen.

Wenn ihr euch also aufwärts bewegt und diese elektrische Energie euch durchströmt, vergesst nicht, dass unsere Galaxis gegenwärtig den Photonengürtel durchfliegt.

Seit etwa zwanzig Jahren ist das der Fall, und dadurch ist die Energie extrem hoch aufgeladen. Es gibt also eine äußerst hohe Photonenaktivität in dieser Zone des Universums, in die das gesamte Sonnensystem eingetreten ist.

Wir haben es mit einem ungewöhnlichen, aufregenden Potenzial zu tun, was unsere Channel-Verbindungen angeht, weil die Himmelsmechanik es gerade sehr begünstigt, dass wir uns für diese höheren Frequenzen öffnen.

Darauf wollte ich euch hinweisen.

Erinnert euch, dass ihr elektromagnetische Frequenzen auf und ab durch die drei primären Nadis strömen lasst. Und dort, wo diese Ströme sich kreuzen, macht es, weil sie elektromagnetisch sind, ZING, ZING, ZING, den ganzen Weg aufwärts durch die Chakren. Genau das sind die Chakra-Räder: die Interaktion zwischen Ida und Pingala. Das sieht man beim Caduceus, dem Stab, dem medizinischen Symbol mit den zwei Schlangen, die natürlich Ida und Pingala symbolisieren, die sich in der Sushumna kreuzen, der zentralen Energiebahn.

An diesen Kreuzungspunkten befinden sich diese riesigen Energiewirbel, die gereinigt sein müssen.

Wenn ich Readings mache, sehe ich Rost auf diesen Zentren. Wenn Menschen Probleme haben, fließt die Energie in den Chakren stockend und langsam.

Dann benötigen sie Reinigung.

Wo wir gerade bei diesem Thema sind: Etwas, was unsere Energie wirklich verlangsamt, ist der Verzehr von Fleisch. Es besteht die Gefahr, dass ich hier Menschen zu nahe trete, denn sehr viele essen Fleisch. Doch viele erleuchtete Menschen erkennen, dass sie das Fleisch von Tieren nicht mehr in ihrem Körper haben wollen. Trotzdem werde ich das nicht predigen, weil ich glaube, dass das eine sehr persönliche Entscheidung ist. Und ihr braucht euch von niemandem sagen zu lassen, was ihr essen dürft. Bedenkt aber, dass beim Fluss der Energie durch euren Körper …

Lasst mich ein Auto als Analogie verwenden. Da habt ihr einen Motor, der mit Benzin angetrieben wird. Bei der Wartung müsst ihr darauf achten, dass sich in dem Motor keine Ablagerungen bilden, denn dann läuft er schlechter. So ist es auch bei uns. Es heißt, dass der Körper mindestens sieben Tage braucht, um Fleisch zu verdauen. Und dazu kommen der Schmerz, das Leid der Tiere, das Adrenalin, die Chemikalien und all der Müll, mit dem sie gefüttert werden.

Ihr nehmt den Schmerz und das Leid der Tiere in euch auf. Das ist ein Problem, über das ihr nachdenken solltet. Ihr *werdet* zu dem, was ihr esst.

Wenn ihr versteht, wie alles integriert wird, müsst ihr zumindest darüber nachdenken, was passiert, wenn ihr Fleisch esst. Das Tier hat gelitten. Natürlich leiden sie. Wenn ich Leute sagen höre: »Es war eine sanfte Art des Schlachtens«, muss ich lachen. Schlachten ist Schlachten. Ganz klar. Aber, wie dem auch sei, Fleischverzehr verlangsamt euer System, verlangsamt eure Verdauung, und natürlich wirkt sich das auf die hormonelle Aktivität in eurem Körper aus, die ebenfalls die Chakren beeinflusst.

Wenn ihr also gerne offene Channels werden wollt, müsst ihr an eurer Energie arbeiten, an eurem biologisch-elektromagnetischen Energiefeld.

Und selbstverständlich darf das Problem der elektromagnetischen Störungen nicht ignoriert werden. Wie gesagt, es geht um die Verbesserung, Verfeinerung der bioelektromagnetischen Einheit, die eure Existenz ist, eure physische Existenz wie auch euer höheres Bewusstsein. Das alles ist Energie, Frequenzen, die ihr ausstrahlt, empfangt und verstärkt. Es ist wie bei einem Kristall, denn tatsächlich sind wir Kristalle, wenn ihr einmal darüber nachdenkt.

Unser Körper besteht zu etwa 80 Prozent aus Wasser. Wir wissen aus wundervollen Forschungen, besonders von Dr. Masaru Emoto, dass Wasser sich *erinnern* kann. Es speichert Informationen. Und spiegelt sie zurück. Emoto hat mit seiner Arbeit gezeigt, wie deformierte Wassermoleküle wieder ihre perfekte Form annehmen können, die Form des Hexagons, oder das Hexagramm, der sechsstrahlige Stern, wenn man sie einer höheren Gedanken- und Bewusstseinsfrequenz aussetzt.

Wenn er für sie betete, ihnen sagte, wie schön sie sind, mutierten diese Eiskristalle aus einem chaotischen, oft ganz formlosen Zustand hin zum voll ausgeformten, perfekten sechsstrahligen Stern.

Und das seid ihr, das sind wir, das ist alles, was existiert.

Wir haben die Wahl, ob wir uns in der niederen Energie aufhalten wollen, in dem Gefühl, nicht gut genug zu sein, unzufrieden zu sein, in ständiger Angst und fokussiert auf Sterblichkeit statt auf Unsterblichkeit. Wir können ebenso sehr die höhere Perspektive anstreben, wo wir wissen, dass alles in göttlicher Ordnung ist und dass wir einfach Medien für dieses Licht sind, diese Energie, diese Frequenz.

Um das zu erreichen, müsst ihr dafür sorgen, dass ihr das widerspiegelt, dass ihr damit in Resonanz lebt. Ihr müsst verstehen, dass Angst ganz unangebracht ist. Ihr dürft nicht länger auf Manipulationen hereinfallen, die dazu dienen, euch aus dieser göttlichen, gesegneten Bewusstheit herauszulösen.

Ich wollte darauf unbedingt eingehen, auf die Frage, welche Störungen auftreten können. Diese Störungen geschehen mit Absicht. Vor vielen Jahren hatten wir die nach heutigem Standard primitiven Handys, die man im Wesentlichen wirklich nur zum Telefonieren benutzen konnte. Sie waren noch nicht Computer. Sie wurden benutzt, um zu telefonieren. Und man konnte, was sehr schön war, den Akku herausnehmen. Aber bei den heutigen Smartphones ist das nicht mehr möglich. Sie sind so gebaut, dass man den Akku nicht entfernen kann, weil sie wollen, dass sie euch jederzeit aufspüren können. Auch wenn ihr glaubt, ihr hättet euer Smartphone ausgeschaltet – es ist nie wirklich aus. Wenn ihr es ausschaltet, sind morgens trotzdem neue Nachrichten darauf, weil die Telefongesellschaft euch trotzdem findet, nicht wahr?

Man folgt euch, spürt euch auf, ohne dass ihr etwas dagegen tun könnt. Viele von uns wollen zu den alten Handys mit herausnehmbarem Akku zurück. Ich habe hier auch ein paar davon, selbst wenn es nervt, sie zu benutzen, weil sie so langsam sind und sich nur schwer fürs Messaging nutzen lassen. Aber sie sind trotzdem die bessere Option, denn ihr könnt euer Handy nur wirklich ausschalten, indem ihr den Akku herausnehmt. Dann ist das Handy nicht länger ein Gerät, das Störwellen aussendet. Tut ihr das nicht, emittiert es ständig alle Arten von Frequenzen.

Ich bin eine Advokatin dafür, dass wir dringend neue Lösungen finden müssen, um die Frequenzbänder zu minimieren, die vor allem aus dem Telefon kommen. Und dann stellt sich die Frage, erstens, der elektromagnetischen Störung eurer Körperelektrik. Dann ist da noch die Frage der Frequenzanpassung des Bewusstseins. Das Smartphone gilt als clevere Erfindung, als für den modernen Alltag unentbehrliches Hilfsmittel. In Wahrheit wurde es gezielt als Kontrollmechanismus für die Menschheit entwickelt. Es wurde entwickelt, damit alle Menschen jederzeit aufgespürt und überwacht werden können. Wenn also irgend möglich, entfernt das Smartphone aus eurem Leben, genau wie den Fernseher. Diese Werkzeuge der Kabale dienen dazu, euch zu kontrollieren, zu versklaven, euren Geist zu stehlen und die Frequenzen abzusenken, die ihr selber so gerne auf ein hohes Niveau heben wollt, um Wesen von viel höherer Energie erreichen zu können.

Aber auch wenn ihr nicht channelt, sollte es in eurem Haus kein Telefon oder Handy geben. In meinem Haus befindet sich das Telefon draußen. Ich habe draußen einen Stahlkasten, und jeder, der zu mir kommt, muss sein Handy dort hineinlegen. Erstens will ich die Energie nicht in meinem Haus, und zweitens, wie soll unser Gespräch aussehen, wenn ihr vierundzwanzig Stunden am Tag an eurem Smartphone hängt? Denkt darüber nach.

Und jetzt widmen wir uns noch einmal kurz der Umgebung, dem Setting, in dem ihr channeln wollt: Wie gesagt, müsst ihr so weit wie irgend möglich alle elektromagnetischen Störungen eliminieren. Der Hohe Rat bezeichnet die Zeit um vier Uhr morgens als die »violette Stunde«, weil dann die elektromagnetischen Störungen am geringsten sind, natürlich nur in eurer jeweiligen

Zeitzone. Und das ist auch der Grund, warum gegen vier Uhr morgens so viele Seelen auf die Welt kommen oder sie verlassen. Es ist die »violette Stunde«, die Stunde, wenn die störenden Einflüsse am schwächsten sind. Seelen nutzen das häufig. Meine Mutter verließ mich um vier Uhr morgens.

Wenn ihr channelt, benutzt ihr vermutlich einen Computer zum Schreiben, aber ihr könnt ja durchaus mit der Hand schreiben. Wenn ich diese Arbeit mache, habe ich viele Kristalle um mich herum. Ich nutze Werkzeuge, die mir helfen, Energie zu verstärken. In der Nähe meines Computers liegen viele schwarze Turmaline, um, so gut es geht, die Energien, die elektromagnetischen Emissionen zu entfernen, die aus dem Computer kommen, denn beim Channeln benutze ich nun einmal einen Computer. Und ich achte sehr darauf, dass keine anderen elektrischen Geräte in Betrieb sind. Bevor ich mit der Arbeit beginne, benutze ich Gegenstände, die ich auch beim Meditieren verwende, wenn ich mich dabei in tiefe Trancezustände versetze.

Während der vielen Jahre habe ich meine Methode weiterentwickelt. Ich weiß, wohin ich energetisch gehen muss, um die Sirianer zu hören. Und ich bin in der Lage, in der Meditation meine Arbeit feinzu*tunen* und mich vorzubereiten, so dass ich den Zustand einfacher erreiche. Das sind einige der Ideen, die ich mit euch teilen wollte. Ich danke euch allen für euer Interesse und auch dafür, dass ihr die Bücher lest. Michael ist eine wunderbare Unterstützung. Es wird sicherlich weitere gemeinsame Aktivitäten geben.

Und wenn sie endlich die Bahn dafür frei machen, dass wir wieder ins Leben zurückkehren können, als Menschen mit Reisefreiheit und freien Ausdrucksmöglichkeiten, freue ich mich, nach Deutschland zu kommen und viele von euch persönlich zu treffen, bei einer Veranstaltung, einem Kurs oder etwas anderem, das wir gemeinsam erschaffen.

Ich danke euch herzlich fürs Lesen, und bevor ich mich verabschiede, bitte ich euch, die schöne Anrufung zu nutzen, die im Folgenden steht. Sie ist mein Geschenk an euch. Die Anrufung der Engelkrieger wird euch helfen, euch gut vorzubereiten. Sie ist sehr kraftvoll. Ich benutze sie seit vierzig Jahren für meine geistige Arbeit und in meinem Leben.

Danke, alles Gute, und ich hoffe, ich habe euer Leben berührt und euch Stoff zum Nachdenken gegeben. Adonai. Gebt gut auf euch Acht.

Patricia Cori meldet sich ab.

Dieser Vortrag ist die Transkription eines einstündigen Videos, das Patricia Cori im September 2020 exklusiv für den Online Channeling Kongress aufgezeichnet hat. Das Video im englischen Original und mit deutschem Voice-Over sowie die entsprechenden Audios sind Bestandteil des Kongress-Pakets, das auf www.channeling-kongress.de erhältlich ist.

Anrufung der Engelkrieger

Ich rufe alle Engel.
Ich rufe alle Engel.
Lasst mich das Flattern im Äther spüren.
Zeigt mir das Wunder eures Lichts.
Ich rufe die Engelkrieger des Lichts
und bitte darum, dass ihr mich in einen undurchdringlichen Mantel
aus goldenem und weißem Licht hüllt.
Lasst das eine Barriere gegen alle Energien sein,
die nicht die höchsten Absichten verfolgen.
Ich wünsche, dass diese Energien von mir abprallen und
zu ihrem Ursprung zurückkehren und dass dort
entsprechend ihrem eigenen karmischen Raum mit ihnen verfahren wird.
Und in diese strahlende Sphäre aus Liebe, engelhafter Liebe und Licht
lade ich nur die höchsten Absichten ein,
nur die hellsten Wesen der Liebe, Weisheit und Güte.
Während ich auf der Aufstiegsspirale reise,
weiß ich, dass ich von Engelsflügeln umgeben bin.
Ich bin ein souveränes Wesen.
So sei es.
Ich danke, während ich dich heute feiere.
Adonai, Adonai.

Botschaften zur Neuen Realität

Die Sirianer
beantworten Fragen

Im Juli 1996 wurde Patricia Cori während einer außerkörperlichen Reise durch die Milchstraße und andere Galaxien mit einer Gruppe interdimensionaler Lichtwesen verbunden und darauf eingestimmt, die Übermittlungen des Hohen Rates vom Sirius zu empfangen und niederzuschreiben. Während ihrer bemerkenswerten Mission als deren Schriftführerin hat sie die sirianischen Lichtbotschaften aus der sechsten Dimension in Büchern mitgeteilt, die in den letzten Jahrzehnten den Leser transformiert haben. Jetzt, mehr als zwanzig Jahre nach dem Datum der ersten Übermittlung, teilt Cori weiteres Wissen mit, das die Richtigkeit vergangener Prophezeiungen bestätigt und neue Visionen an die Menschheit weitergibt, während wir durch die äußeren Bereiche der vierten Dimension in höhere Ebenen des Bewusstseins und Parallelrealitäten aufsteigen ... in Vorbereitung auf unser bevorstehendes Erwachen.

Kapitel 1

Die Sirius-Ra-Verbindung

Wir haben bereits davon berichtet, dass Sirius eine zusammengesetzte Dreigestirngottheit ist, die gleichzeitig auf drei verschiedenen dimensionalen Ebenen existiert. Ihr erinnert euch? Im zweiten Band dieser Trilogie war davon die Rede. Das erste Gestirn, Sirius A, kennen wir als Sothis. Er ist der einzige von den drei strahlenden Sternen, der sich noch im physischen Bereich befindet, in der dritten Dimension. Sein Schwesterstern Sirius B oder Satais hat seinen physischen Körper abgestreift und hält die Schwingung der sechsten Dimension. Von dorther kommen wir, um euer Erwachen zu unterstützen.

Und dann gibt es noch den dritten Stern in dieser komplexen Verbindung namens Anu. Von ihm sind zu verschiedenen Zeitpunkten der Evolution eures Planeten intelligente Lebensformen zu euch gelangt, darunter auch Vorgänger der Delfinwesen. Er ist in die vierte Dimension aufgestiegen. Gemeinsam wirkt diese Dreigestirngottheit als multidimensionales Portal – als eine Art Torwächter des materiellen Universums.

Viele Aufgestiegene Meister durchschreiten dieses Portal und können die dritte Dimension willentlich betreten und wieder verlassen, so wie es bei Jesus der Fall war, dem großen Träger der Christusenergie auf eurem Planeten.

Und falls ihr euch über die Umlaufbahnen aufgestiegener Planeten den Kopf zerbrecht: Vergesst bitte nicht, dass eure Wahrnehmung von Kreisbahnen nur die dreidimensionale Version eines eigentlich multidimensionalen Vorgangs ist. In den höheren Dimensionen nimmt man sie als interaktive Energieflüsse zwischen bewussten Wesen wahr, bei denen es sich um alles von den winzigsten Bakterien bis hin zu ganzen Supergalaxien handeln kann. Aus dieser Perspektive könnt ihr euch sicher vorstellen, wie die Planeten unabhängig von ihren Himmelsbewegungen weiter mit ihrem Mutterstern mithallen und interagieren.

Du, liebe Trydjya, hast schon viel über diese einzigartige Schöpfungsmusik gelernt.

Es geht um Resonanz, Harmonie und Licht.

Dennoch, ihr Lieben. Es ist so schwierig, die multidimensionale Dynamik zu begreifen, auf die ihr anspielt. Auch deshalb, weil sie allen wissenschaftlichen Informationen widerspricht, die uns derzeit zur Verfügung stehen. Es ist wie 5D-Schach, so viel geschieht auf so vielen Ebenen.

Ja, natürlich ist es schwer für euch, von der physischen Ebene aus die höheren Dimensionen zu begreifen. Wir können uns vorstellen, dass ihr in vielerlei Hinsicht das Gefühl habt, euch verirrt zu haben … umherzuirren, wenn ihr versucht, diese unbekannten Wege zu betreten. Schließlich sind die geraden, schmalen Pfade der Konvention viel deutlicher gekennzeichnet und so viel »sicherer« als neue und abenteuerliche Wege.

Zweifellos ist es problematisch für euch zu versuchen, derlei Ideen mit den Menschen in eurem Leben zu teilen, da ihr vermutlich umgeben seid von jenen, die noch tief und fest schlafen. Sie werden euch für ebenso radikal halten, wie es damals in den dunklen Zeitaltern der Menschheitsgeschichte bei den besonders »Mutigen« der Fall war.

Sie werden Gedanken, die über den eigenen Tellerrand hinausgehen, nach wie vor als »Gefahr« für den Status quo betrachten, an dem sie sich festklammern, weil er ihnen in diesen Stunden tiefgreifender Veränderung und Revolution der irdischen Belange Sicherheit zu schenken scheint.

Während jener vergangenen Tage der absoluten Ignoranz seitens der Menschheit gegenüber dem mechanischen Universum galt es schon als Ketzerei, auch nur daran zu denken, dass eure Welt *keine* flache Scheibe sei, von der Schiffe einfach in einen tiefen Abgrund stürzten, sobald sie sich zu weit von der Küste fortwagten. Kerkerstrafen, sogar der Tod drohten.

Und nun stellt euch vor, was ein solches Gericht mit euch angestellt hätte – mit der Flut an Informationen, die euren heutigen Wissenschaftlern zur Verfügung stehen, vor allem aber mit den mutigen, gewagten Enthüllungen, die ihr derzeit als »neue Visionen« über die Bedeutung des Lebens im All bezeichnet.

Wir heißen euch willkommen im Reich der Freidenker. Euch stehen alle nötigen Informationen zur Verfügung. Aber nur ihr könnt entscheiden, ob ihr bereit und willens seid, zu erwachen und die Dogmen des etablierten Überzeugungssystems in Frage zu stellen und neue Wege zu erkunden – euch auf die Suche zu begeben, welche alle bewussten Wesen antreten, die das Universum und die Rolle verstehen wollen, die jeder einzelne von uns darin spielt.

Sie alle wachsen, wenn die Stagnation dogmatischer Annahmen (denn euer wissenschaftliches Wissen beruht auf reinen Annahmen über die Beschaffenheit dessen, was sich jenseits eurer Welt befindet) durch neuerlangtes Wissen und neue Einsichten aufgelöst wird. Und am Ende erkennen schließlich alle an, dass solche weiten Visionen Licht auf die kollektive Erfahrung des Lebens im Seelenkosmos werfen.

Was diese Paradigmenbrecher, die Autoritäten bekämpfen und in Frage stellen, benötigen, sind unbeirrbarer Mut und ein klarer Verstand, um die Art und Weise, wie sie selbst und andere die unendlichen Schichten der Realität wahrnehmen, zu hinterfragen, neu zu denken und schließlich zu ändern.

Vergebt mir, falls meine nächste Frage vielleicht dumm klingt, aber ihr habt unseren Stern Ra einmal als männlich betrachtet … und die Sirius-Sterne als weiblich. Das finde ich etwas kritisch und wüsste gern, warum ihr diese Unterscheidung trefft.

Unsere Verwendung eurer Männlich/Weiblich-Nomenklatur und entsprechenden Identifizierung ist keinesfalls geschlechtlich orientiert. Es geht dabei vielmehr um die Frage der Empfänglichkeit und der Art von Energie, die innerhalb der polaren Einschränkungen der niederen Dimensionen ausgetauscht wird.

Da es sich bei Ra um einen Einzelstern handelt, ist sein Wesen bezüglich Fokus und Selbstgewahrsein weitaus stärker auf der Yang-Seite als auf der Yin-Seite angesiedelt. Und ihr müsst wissen, dass wir dabei nicht nur von Ras Beziehung zu den Planeten sprechen, sondern auch von seinen Zwischenbeziehungen zu den Sonnengottheiten der gesamten Sternengalaxis … und ja, auch mit jenen aus anderen Dimensionen.

Sirius mit ihren Wechselbeziehungen und Dreifachaspekten ist eine weitaus empfänglichere Sternenumgebung. Das dazugehörige Vibrationsfeld ist eher Yin-artig.

In unseren Reichen gibt es keine Unterscheidung zwischen weiblich und männlich – und auch kein übergeordnetes Geschlecht. Es gibt nur die gegenseitige Ergänzung, da wir schon vor Langem begriffen haben, dass die beiden gleichwertig sind – sich gegenseitig ergänzende Aspekte des Einen. Und die Yin/Yang-Schwingung mit ihren vollkommenen elektromagnetischen Harmonien ist vor allem eins: ein Anlass zur Freude.

In den Weiten des Universums existiert keins von beidem ohne das andere, und du, liebe Trydjya, wirst dort als reine

Schwingungsessenz wahrgenommen – unabhängig von Geschlecht, Hautfarbe, Alter oder irgendwelchen anderen körperlichen Eigenschaften.

Wird Sothis derzeit von Planeten umkreist, die irgendwelche aktiven Lebensformen beherbergen?

Im Sternensystem Sothis existieren inzwischen keine Planeten mehr, die komplexes biologisches Leben beherbergen. Das ist auf kosmische Ereignisse zurückzuführen, die diese komplexe Sternenumgebung neu definiert haben.

Zusammengefasst ist es durch die folgenden Ereignisse zu den aktuellen Umständen gekommen:

- Eine derart extreme Hitze, dass sich keine Atmosphäre bilden kann.
- Gewaltige magnetische Interferenzen, ausgelöst durch die Hülle von Satais bei ihrer fünfzigjährigen Kreisbahn um Sothis, die zu starken elektrischen Aufladungen führt, wodurch die Entwicklung jeglicher elektromagnetischer biologischer Lebensformen verhindert wird.
- Extreme Strahlung, die von Satais' Skelett auf das Sternensystem einwirkt und biologische Strukturen auf subzellulärer Ebene zerstört.

Wir bitten euch aber, nicht zu vergessen, dass im gesamten Kosmos Intelligenz existiert – in seinem Design, der mathematischen Perfektion aller Dinge. Sie liegt in der Kosmometrie jedes Staubpartikels, jedes Atoms, jedes Elements, der Substanz und der Welle.

Wenn ihr den Sprung wagt, Leben nicht nur als »biologisches« Leben zu verstehen, sondern auch als ein erweitertes bewusstes Gewahrsein in nichtbiologischen Formen, werdet ihr die unendliche Lebenspracht im Seelenkosmos erkennen. Und dann werdet ihr auch ein direktes Verständnis dafür gewinnen, was wir meinen, wenn wir sagen, dass im Sternensystem Sothis sehr wohl Leben existiert.

Ich möchte sichergehen, dass ich wirklich verstanden habe, was das bedeutet. Wollt ihr andeuten, dass es in diesen Reichen eine unbekannte Lebensform gibt?

Wir sprechen nicht von einer unbekannten Lebensform, sondern von einer Lebensform, die womöglich nicht der irdischen Definition eines »Lebewesens« entspricht.

Die sirianische Gottheit Sothis, die an eurem Sternenhimmel im ultravioletten Spektrum am hellsten erstrahlt, ist von Leben erfüllt – und mit Leben meinen wir Einheiten bewusster subatomarer Partikel, deren Absicht darin besteht, Form anzunehmen, wenn die passenden Koordinaten und Anordnungen erreicht sind.

Nichts im Universum ist tot. Alles ist bewusstes Erschaffen, Formen, Sein … das sich wieder und wieder transformiert und neu beginnt.

Ihr habt einmal von den Nibiruanern als einer dreidimensionalen Spezies von Außerirdischen gesprochen, die sehr problematisch ist. Aber ich glaube, diesbezüglich kursieren selbst unter den bestinformierten Leuten in unseren Lichtkreisen noch immer schwerwiegende Fehlinformationen. Es gibt hier Quellen, die behaupten, sie seien intelligente Lichtwesen, die in die höheren Dimensionen aufgestiegen sind, nachdem sie unseren Vorfahren, den Atlantern, geholfen haben. Es heißt außerdem, sie würden uns nun von den höheren Lichtreichen aus unterstützen – ähnlich wie ihr es tut.

Bitte helft uns zu verstehen, wie wir die Diskrepanzen zwischen diesen Informationen und euren Aussagen über diese Zi-

vilisation und die Absichten beseitigen können, mit denen sie in unsere irdischen Belange ebenso eingegriffen haben.

Die Nibiruaner bleiben in den niedersten Bewusstseinsformen des Überlebenstriebs im Inneren ihres Planeten gefangen, der weiterhin seine elliptische Umlaufbahn von Sothis zu Ra zieht, also von Sirius A zu eurer Sonne.

Sie sind Teil der dreidimensionalen räumlichen Realität, so wie es auch Gaia ist, eure Erde.

Die Nachfahren dieser uralten Population haben sich im Schwerkraftfeld der Erde mit dem *Homo sapiens* gekreuzt und ihm die Macht entrissen, um sich als selbsternannte Herrscherelite eures Planeten zu etablieren – daher auch euer schwieriges Verhältnis zu ihnen.

Ihr habt sie als Anunnaki kennengelernt.*

Seit der Zeit des alten Atlantis nutzten sie ihren Einfluss auf die dunkle Priesterschaft, um genau die Art von Technologie zu erschaffen, die euch auch heute wieder plagt: elektromagne-

---

* Im AMRA Verlag sind gleich mehrere Standardwerke über das Wirken der Anunnaki erschienen: *Die Anunnaki Chroniken* (2018) präsentiert die gesammelten wissenschaftlichen Aussagen und Nachweise von Zecharia Sitchin, des Begründers der Anunnaki-Forschung. Mit *Der König, der sich weigerte zu sterben* (2017) schrieb er auch einen Roman, der das Gilgamesch-Epos in diese historische Perspektive rückt. *Zecharia Sitchin und die außerirdische Herkunft der Menschheit* (2021) ist eine Biografie von M. J. Evans, die einen Überblick über sein Leben und Schaffen gibt. In dem Buch *Die Anunnaki* (2015) betont Gerald R. Clark die Funktion der menschlichen Chakren als Empfangsanlage für Fremdsteuerung, während Nick Redferns *Das Blut von Aliens* (2016) der Frage nachgeht, ob der Rhesus-Faktor negativ nicht Aufschluss darüber geben könnte, inwieweit der heutige Mensch genetisch von den Anunnaki manipuliert wurde. Neueste Forschungsergebnisse vor allem mit Blick auf das Christentum enthält die Anunnaki-Trilogie des schwedischen Rückführungstherapeuten Jan Erik Sigdell, bestehend aus den Einzelbänden *Die Herrschaft der Anunnaki* (2016), *Der Geheime Krieg der Anunnaki* (2017) und *Die Manipulationen der Anunnaki* (2020). Leseproben auf www.AmraVerlag.de.

tische Stimulation der niederen Energiezentren, Technologien zur Gedankenkontrolle, die Beschleunigung des egozentrischen Bewusstseins und der Separierung, was dazu dienen soll, eure gesamte Spezies in einen Zustand der ideologischen Separierung und des Gehorsams zu drängen.

In jener Ära, in der sie sich in die Angelegenheiten von Atlantis einmischten, haben sie das Wertesystem und die Wahrnehmung dieser uralten Zivilisation verändert, indem sie die allerursprünglichsten Überlebensängste der Menschen ausnutzten und Konflikte und Kriege schürten. Zudem führten sie Opferrituale sowie Methoden zur Massenkontrolle und Gedankenmanipulation in die Kultur ein.

Diese finsteren Akte aufgezwungener Unterwerfung beinhalteten einen gewaltsamen öffentlichen Tod für jene, die das Pech hatten, zum Ziel der dunklen Priesterschaft zu werden, die unter den hypnotischen Befehlen ihrer Annunaki-Herren handelten. Indem menschliches Blut in ihre kommunalen Tempelanlagen floss, wurde den Atlantern – ihrem kollektiven Willen – die Lebenskraft entzogen, und jene heiligen Stätten wurden unter dem Gewicht menschlicher Verzweiflung erdrückt.

Wir widersprechen dem Gerücht, dass die Nibiruaner in die höheren Reiche aufgestiegen sein sollen. Unter den aufgestiegenen Außerirdischen gibt es Gruppen von Lichtarbeitern aus anderen Dimensionen, die in diesem Augenblick mit den Nibiruanern zusammenarbeiten – so wie wir euch unterstützen – und versuchen, sie zurück ins Licht zu führen und ihnen bei ihrem physischen wie spirituellen Übergang hinaus aus dem Dunkel zu helfen.

Ihr solltet wissen, dass dies die Vorgehensweise multidimensionalen Bewusstseins ist. Wir machen unsere Riesenschritte und reichen dann jenen die Hand, die noch hinterherhinken und sich in den von Schatten erfüllten Nebeln verloren haben, die den Weg des seelischen Fortschritts verschleiern können.

Seid versichert, in der Herrlichkeit sich entfaltender Liebe bleibt niemand allein.

Niemand wird im Stich gelassen.

Niemand wird verlassen.

Das ist der Zustand unserer ewigen Existenz.

Was die Diskrepanzen und die Verwirrung betrifft, die sich hinsichtlich dieser und anderer Thematiken ergeben haben, welche jene angeschnitten haben, die euch von der galaktischen Soziologie erzählen: Vergesst nicht, dass das, was euer Herz zum Jubeln bringt, auch das ist, was ihr eines Tages als Wahrheit erkennen werdet. Deshalb können wir euch dies nicht genau und in unwiderlegbaren Begriffen erklären.

Ihr selbst müsst entscheiden, was euer Herz für die Wahrheit hält. Die Wahrheit ist nur im Zentrum eures Seins zu finden, und das ist eine Suche, die ihr selbst antreten müsst, als hingebungsvoll Suchende in einer Spirale, die euch immer höher und weiter ins strahlende Licht hinaufführt.

Alle Informationen, die ihr erhaltet, sind potenziell durch die Meinungen, die Interpretation und vor allem die Absichten jener geprägt, die sie euch überbringen. Wir übermitteln euch mithilfe unseres Channelmediums die Wahrheit, *so wie wir sie verstehen* – wie wir sie auf unserer langen, strahlenden Reise in die sechste Dimension für uns erkannt haben.

Wenn wir uns in dieser prachtvollen Spirale weiter fortbewegen, kann sich das, was wir im Augenblick für die Wahrheit halten, fraglos schon morgen zu einem neuen Verständnis und einem höheren Gewahrsein weiterentwickeln. Das ist die Herrlichkeit unserer Reise … wie auch eurer Reise und der jedes anderen bewussten Wesens im Kosmos.

Das ist das Wunder des gesamten Aufstiegsprozesses der Seele. Tatsächlich ist es sogar der Grund, aus dem wir existieren: um die Gipfel zu erklimmen, das Licht der Wahrheit zu suchen, den Zweck unserer Reise zu erfahren, unsere Mission kennenzulernen und – mehr als alles sonst – um die Herrlichkeit all dessen zu feiern, was wir dabei entdecken, und auf unserem Weg dem Ganzen zu dienen.

Wie erlebt ihr den Kontakt zu uns? Könnt ihr eure Liebe zu mir so körperlich spüren wie ich meine zu euch? Ich weiß, dass in diesen Momenten Kontakt besteht, hier und jetzt.

Wunderschönes Sternensaatkind, wir spüren ganz deutlich, wie uns deine Liebe durchströmt. Die Liebe, die aus dem menschlichen Herzen strahlt, ist es, was uns zu euch und eurem Reich hinzieht, und sie ist hell und klar wie der makelloseste Kristall und von reinster Absicht und Emotion.

Wir können uns auf euch einstimmen und mit euch mitschwingen, wenn ihr in eurer Mitte ruht – im Herzbewusstsein. Diese Verbindung ist die Musik und das Licht, die durch die Dimensionen strömen – sie kennt keine Grenzen, keine Trennungen. Diese süße Melodie schlägt in uns die Saiten des Mitgefühls und der Zärtlichkeit an, Saiten, die denen der Menschen so wunderbar ähnlich und in ihrem emotionalen Ausdruck so durch und durch unwiderstehlich sind.

Aber als »körperlich« können wir diese Erfahrungen nicht bezeichnen. Es handelt sich vielmehr um die ungetrübte Freude bedingungsloser Liebe und des Wissens, dass in der unendlichen Weite von Allem Was Ist allerorten Vollkommenheit herrscht.

Ihr spürt also, wie wir euch spüren und welche Liebe wir dabei empfinden? Welche Geschichte vermutet ihr dahinter?

Die Liebe, die die Dimensionen durchdringt, hat keine »Geschichte«, keine Historie, keine Zeit, keinen Ort, an dem sich die Unermesslichkeit der Liebe ereignet. Es gibt nur das Licht: nur Schönheit und die ewige Weite des Ganzen.

Je höher wir in der großen Spirale der Rückkehr zur Quelle gelangen, desto heller strahlt das Licht der Quelle … und desto besser erinnern wir uns.

Wir erinnern uns dann an den Zweck und die wundervolle Musik und den Tanz.

Wir fühlen dann eure Liebe: Sie fließt durch uns, ein Echo des Lieds, kleine Wellen aus Licht. Und so fühlt auch ihr unsere Liebe. Wir können fühlen, dass ihr sie fühlt. Dass ihr uns fühlt. Dass wir eins sind.

Wenn ihr euch in euren Lichtkreisen versammelt, spüren wir, wie die Liebe allen Raum, alle Zeit durchdringt.

Wenn ihr ein Kind umarmt, mit den Tieren sprecht, eine sanfte Brise zelebriert, die eure Wange streichelt, spüren wir, wie eure Liebe durch die Nicht-Zeit hindurch golden auf den kosmischen Wind abstrahlt.

Wenn ihr für eine bessere Welt kämpft, wenn ihr vor Sorge weint, wenn ihr den Höhepunkt der menschlichen Erfahrung erreicht, euch gegen Ungerechtigkeiten wehrt, nach der Wahrheit sucht – auch dann spüren wir euch. Wir spüren eure Liebe und auch euren Schmerz, denn sie beide sind Spiegel des Herzens. Sie beide spiegeln die Unermesslichkeit der menschlichen Emotionen wider.

Der Intellekt mag Schönheit in Frage stellen können, aber das Herz nimmt sie mit offenen Armen an – bedingungslos.

Liebe ist alles.

Wie könnt ihr behaupten, alles sei Schönheit und Licht, wenn sich vor unseren Augen solcher Verfall, solche Zerstörung, so viel Tod ereignet? Viele von uns glauben, dass gerade die dunkelste Stunde der Menschheit schlägt und uns am Ende dieses Tunnels kein Licht mehr erwartet. Wie könnt ihr von uns verlangen, die Vorstellung zu akzeptieren, dass in einer derart gewaltsamen Welt alles Liebe ist?

Es ist keine Herausforderung, Schönheit im Licht, im wundersamen Glühen Spirits zu entdecken. Als Seelen, die sich in einem ewigen Evolutionsprozess befinden, haben wir uns selbst auf die Probe gestellt und fordern von uns, auch im Dunkel Schönheit zu finden, denn das ist der Bereich, in dem wir dazulernen können. Der Bereich, in dem wir lernen, Verantwortung für unsere eigenen Schöpfungen zu übernehmen. Und ist das nicht unsere wahre Aufgabe? Der Grund, aus dem wir existieren?

Dies ist die Probe, auf die die wahrhaft Eingeweihten gestellt werden.

Wir akzeptieren die Dunkelheit insofern, als dass wir lernen, die Verantwortung für unseren Anteil an dieser Dunkelheit zu übernehmen, und wir streben danach, das Licht unseres Bewusstseins auch auf diese dunklen Ecken zu richten. Wir sind dankbar dafür zu wissen, mit welcher Anmut wir all das schließlich hinter uns lassen – eine Erfahrung, die auch ihr, die Erwachenden, bald teilen werdet.

Wir hegen keine Erwartungen darüber, was ihr als Wahrheit akzeptiert, da wir euch stets gesagt haben, dass die Wahrheit in euren Herzen zu Hause ist. Dennoch laden wir dich, süße Seele, ein, dich über deine Verzweiflung zu erheben.

Suche Licht, und du wirst spüren, wie es auf dich fällt.

Suche Liebe, und du wirst ihre warme Umarmung spüren.

Suche Vergebung, und du wirst schnell erfahren, welchen Zweck der Schatten hat.

In den letzten Jahren wurde uns eine Menge Informationen vom Sirius übermittelt. Warum uns und warum jetzt?

Schon lange arbeiten Lichtwesen vom Sirius mit der menschlichen Spezies zusammen, von eurer Aussaat über die ersten Generationen von Atlantis bis hin zum heutigen Tag.

Unsere Nachrichten häufen sich an verschiedenen zentralen Punkten in der menschlichen Entwicklung, die euch bis in diese außergewöhnliche Zeit des Aufstiegs eurer Sonnengottheit geführt haben.

Wir sind als menschliche »Sternensaat« in physischer Form auf der Erde erschienen, weil wir über die Fähigkeit verfügen, uns zu niedrigeren Dichtegraden zurückzuentwickeln und die Intelligenzcodes – die DNA – neu zu verdrahten, so dass wir nötigenfalls mit eurem Dichtegrad mitschwingen können.

Wächter der Lichtreiche, wir sind in diesen dunklen Zeiten in eure Realität gekommen, um euch die Flamme der Erfahrung zu bringen und mit ihrem Licht die Seele des menschlichen Geistes zu erhellen. Wir sind in einer Zeit enormer Quantensprünge zu euch gekommen, wie es auch während der Geburt Ägyptens der Fall war, wo wir als Göttinnen und Götter verehrt wurden. Wir sind in den Höhlen, auf den Bergen, in den Tälern der Erdhüter erschienen und haben euch stets, an jedem Punkt eurer evolutionären Reise, bedingungslos geliebt.

Unsere Liebe ist beständig und immerwährend.

Aber wir brauchen unsere individuellen evolutionären Reisen nicht mehr zu verlangsamen, um der Menschheit zu dienen, indem wir körperliche Gestalt annehmen, wie es in anderen Phasen der menschlichen Erfahrung der Fall war. Das ist nicht länger erforderlich, da ihr den Photonengürtel durchschritten habt und der Übergang der Erde durch den Astralkanal Ras unmittelbar bevorsteht.

Beides hat eure Schwingungsfelder so stark beeinflusst, dass wir euch nun auch zunehmend im Äther erreichen, euch in den heiligen Vortices des elektromagnetischen Außenkörpers der Erde erscheinen und durch ausgewählte Channelmedien mit euch sprechen können.

Seit der Jahrtausendwende im Jahr 2000, eurem westlichen Kalender nach, haben wir unseren Kontakt zur menschlichen

Spezies verstärkt – und zu den Tieren, da auch sie äußerst dringend unserer Hilfe bedürfen.

Ist damals etwas Besonderes vorgefallen, das diese verstärkte Kontaktaufnahme möglich gemacht hat?

Ja. Zur Jahrtausendwende, eurem Kalender nach um Mitternacht des 31. Dezember 1999, fand ein monumentales Ereignis statt, das eine Flutwelle des Lichts über das menschliche Bewusstsein strömen ließ und ein neues Feld oszillierender Strömungen errichtet hat, die zwischen euch und uns hin- und herfließen.

Sirius zog exakt in dem Augenblick irdischer Zeitrechnung, in dem eure Uhren zur Vollendung der vierundzwanzigsten Stunde schlugen, direkt über dem Gizeh-Meridian in Ägypten vorbei. Dadurch wurde das große Oktaeder aktiviert, das ihr als die Große Pyramide von Gizeh kennt.

Dies wurde in der Akasha-Chronik niedergeschrieben. Schon viele, viele Jahrtausende zuvor wurde bestimmt, dass sich genau das ereignen würde. Und so kam es auch.

Welche Auswirkungen hatte das Vorbeiziehen von Sirius in diesem Augenblick auf den Plan der Geheimregierung, die Große Pyramide mit einer goldenen Kappe zu versehen?

Es hat die Schwingungen dieses Vortex so sehr in die Höhe getrieben, dass das Projekt nicht fortgeführt werden konnte und die Energien, die mit den entsprechenden Intentionen einhergingen, umgewandelt und entschärft wurden. Die elektromagnetischen Fließlinien des aktivierten Oktaeders – also der Großen Pyramide in ihrer Gesamtheit – schützten es vor Interferenzen.

Tatsächlich strahlte das Große Oktaeder von Gizeh an diesem Punkt im Raum-Zeit-Kontinuum sogar eine dermaßen unvorstellbare Frequenz ab, dass er die Fähigkeit hatte, Gold zum Bersten zu bringen. Dies war göttliches Eingreifen.

Der Hauptschalter für Gaias Energiekörper ist der dunklen Kraft schlichtweg nicht zugänglich, ganz gleich, wie sehr sich ihre Mitglieder bemühen, ihn zu aktivieren. Es gelingt ihnen einfach nicht herauszufinden, wie es funktioniert, da der Weg dorthin durch das Herz Gaias führt, von dem sie sich vollständig entfremdet haben, ohne es je bereut zu haben.

Warum?, wenn ich fragen darf. Was wäre geschehen, wenn der Prozess weiter angedauert hätte?

Das wahrscheinliche Ergebnis dieser Handlung – oder besser: die Intention der Machtelite – bestand darin, die Schwingungsfrequenz der Erde zu verlangsamen, indem der Zeitstrahl eures Planeten abgeändert wird. Das war ein notwendiger Bestandteil des verzweifelten und nach wie vor aktuellen Plans der Annunaki, die Schwingung des Planeten Erde abzusenken, bis er sich in dumpfer Harmonie mit Nibiru befindet, so dass eine Verbindung zwischen den beiden entstehen kann, die nötig ist, um Nibiru durch die Aufstiegskanäle eurer Sonne zu befördern.

Sie haben versagt. Oder besser ausgedrückt: Wie wir euch ja bereits anvertraut haben, war es ihnen nicht möglich, ihren Plan zu vollenden.

Das Große Oktaeder ist, wenn es aktiviert ist, die ultimative Zeitmaschine. Jene unter euch, die sie mit uns betreten haben, haben die Verschiebung in Zeit und Raum miterlebt und wissen, wovon wir sprechen.

Ihr habt uns einmal erklärt, dass die Annunaki vorhaben, die Erde einzufangen und als Vehikel zu nutzen, um den abgelegenen Planeten Nibiru in unser Sonnensystem zu ziehen. Das finde ich sehr verblüffend, und es war schwer zu akzeptieren, dass so etwas im Rahmen der physikalischen Gesetze, die das Universum regieren, möglich sein soll.

Könnt ihr diesen zentralen Punkt eurer Lehren bitte noch einmal etwas erläutern?

Die »physikalischen Gesetze« beziehungsweise eure Wahrnehmung der Funktionsweise des materiellen Universums beruhen auf eurer dreidimensionalen Wahrnehmung der Realität – die, wie ihr nun lernt, nicht zwingend zutreffend sein muss.

Mit Ausnahme der brillanten neuen Philosophen und Wissenschaftler, die den Traditionalisten getrotzt haben und über den Tellerrand der Konventionen hinausdenken, versuchen eure Lehrer der Paradigmen und Mechaniken des Universums nach wie vor, die Abstraktion des Unbekannten in sehr eng regulierte Konzepte zu zwängen.

Dabei gelingt es ihnen gerade einmal, mit dem Pinsel die Leinwand des Möglichen zu streifen, auf der das unbeschreiblich komplexe Design des Multiversums für das innere Auge sichtbar werden kann.

Wir hören eure endlosen Debatten über die Anfänge des Universums und die Quellen allen darin enthaltenen Lebens. Die Suche der Menschheit nach Antworten auf das Unbekannte ist endlos: Einige glauben an einen Urschöpfer, eine Quelle des intelligenten Designs allen Lebens im ganzen Universum. Andere, die »Urknall«-Theoretiker, vertreten die Vorstellung einer willkürlichen Kausalität, da sie sich noch nicht darüber geeinigt haben, was vor dem Großen Knall existiert haben soll, der das Universum laut dieser Theorie hervorgebracht hat, woraufhin es sich bis heute ausdehnte und eines Tages sterben und eine kalte Ödnis aus reinem Nichts zurücklassen wird.

Wieder andere halten die menschliche Erfahrung für eine Art subjektiver Buße. Sie glauben, dass ihr alle wandernde

Seelen auf einer verstopften Autobahn der Sünde und des Bösen seid, stets bemüht, einem strengen Gott zu trotzen, der all eure sündhaften Gedanken und unerlaubten Taten beobachtet und bewertet, einem Gott, der jederzeit bereit ist, euch in die dunklen Höhlen der Hölle zu verfrachten: die Gott-Version der Big-Brother-Theorie!

Andere wiederum klammern sich immer noch an rein klinische Vorstellungen der sogenannten »Naturgesetze«, die vor vielen Generationen von euren großen Denkern definiert wurden und seitdem immer weiter umdefiniert werden, um ihren Geltungsbereich zu vergrößern und sie an die neuesten technologischen Fortschritte des 21. Jahrhunderts anzupassen.

Aber trotz dieser zahllosen Interpretationsmöglichkeiten der technologischen Fortschritte, aller Debatten und Experimente verwirrt die Beschaffenheit des bewussten Universums eure Gesellschaften als Ganzes betrachtet nach wie vor – soweit sie sich dieser Beschaffenheit überhaupt bewusst ist.

Erst jetzt, wo ihr euch der größten Verschiebung nähert, die ein Planet überhaupt durchlaufen kann, versteht ihr langsam, dass die Realität bewusstes Denken ist.

Dass Gedanken in Wellenform reisen. Dass diese Wellen in bestimmten Frequenzen schwingen. Und so weiter und so fort ... Dass das multidimensionale Universum ein Meer aus beständig schwingenden Bewusstseinssaiten ist, die unbegrenzte Ausdrucksformen und Manifestierungen in zahllosen Dimensionen und Parallelwelten haben.

Und nun zu eurer Frage, ob sich die Nibiruaner tatsächlich an die Erde andocken können, um ihr Ziel zu erreichen. Lasst es uns so formulieren: Vor der Jahrtausendwende und dem Abbruch der Kappenanbringung am Großen Oktaeder von Gizeh war diese Möglichkeit weitaus realistischer.

Wir wissen jetzt, dass die Schwingungssignatur des Planeten Nibiru mittlerweile noch weniger als zuvor dazu in der Lage ist, Resonanz mit der Schwingungssignatur der Erde zu erlangen, die stetig steigt, auch wenn es den Eindruck erweckt, dass die dunklen Kräfte auf eurem Planeten immer mehr und ihre Manöver immer zahlreicher werden.

Wenn ich euer Material über die Existenzweise der Annunaki und ihre Militäreinrichtungen innerhalb des Planeten Mars lese, kann ich mich eines äußerst beunruhigenden Gedankens nicht erwehren. Wird auch der Planet Mars aufsteigen? Und falls ja, werden wir in der nächsten Dimension wieder mit den Annunaki zu tun haben? Nach allem, was wir durchgestanden haben, kann ich den Gedanken, dass dieser Kampf in der nächsten Dimension womöglich weitergeht, einfach nicht ertragen.

Die Annunaki existieren auf der Erde – und die Erde steigt auf. Warum sollte es euch in Anbetracht dieser Tatsache weiter beunruhigen, dass sie sich unter der Oberfläche des Planeten Mars vergraben haben, der ebenfalls aufsteigen wird?

Wir bitten euch, nicht zu vergessen, dass ihr die Fähigkeit besitzt, jegliche Form von Disharmonie, mit der ihr konfrontiert werdet, zu überwinden und im Anschluss – als wahre Lichtarbeiter, die ihr seid – zu helfen, sie zu heilen.

Ihr könnt euch zu Hause, auf dem Mars, in der physischen oder der ätherischen Welt mit ihnen konfrontieren, solange ihr nur nicht zulasst, dass die Angst ihren dunklen Schatten auf eure Seele wirft. Wenn ihr euch in eurer Herzmitte befindet, dient ihr als Leuchtturm für die Verlorenen, und euer Licht erreicht sie auf Wegen, die ihr womöglich bislang noch nicht zur Gänze versteht. Es hilft ihnen dabei, ihre Intentionen abzuschütteln und eine höhere Ebene für ihre Seele anzustreben.

Um deine Fragen genauer zu beantworten: Der Planet wird nicht nur von den Annunaki bewohnt, die dort tatsächlich Militäreinrichtungen gebaut haben. Unter der Oberfläche des

Mars befinden sich auch andere, dort einheimische Zivilisationen, deren Vorfahren die Städte und heiligen Stätten errichteten, die ihr auf den inzwischen berühmt gewordenen Bildern des Cydonia-Hochlandes erkennen könnt.

Und auch, wenn es euch schwerfallen mag, das zu glauben: Zudem existieren dort hochkultivierte, weitentwickelte unterirdische Städte, in denen Menschen leben.

Die Realität des Mars ist so sehr eine Projektion der Erde, wie es in der physischen Realität einer zukünftigen Existenz den Anschein hätte, wäre der Mars dazu bestimmt, in der dritten Dimension physikalischer Dichte zu bleiben.

Wenn ihr das kleine bisschen Topografie des Planeten Mars, das euch gezeigt wird, genauer betrachtet habt, muss euch aufgefallen sein, dass dieser Planet, dessen wahre Geschichte ihr gerade erst entdeckt, das typische Modell eines Planeten darstellt, der eine intelligente Spezies beherbergt, welche die Energien ihres Heimatplaneten missbraucht.

Sicherlich erkennt ihr – oder zieht wenigstens in Erwägung –, dass es sich um einen Ort handelt, an dem die vorhandenen intelligenten Lebensformen die Ressourcen des Planeten aufgebraucht haben, so wie es die Menschheit derzeit auf der Erde tut. Sie haben ihre Atmosphäre zerstört, wie ihr die Atmosphäre eures eigenen Planeten zerstört, und sich schließlich in den Untergrund zurückgezogen, um überleben zu können.

Die Zerstörung der Biosphäre ist das Vorgehen nicht erleuchteter Zivilisationen auf zahllosen Planeten – auf Nibiru, auf dem Mars, und, ja, zunehmend auch auf der Erde. Dieses Verhalten spiegelt die Dualität der dritten Dimension wider, in der der technologische »Fortschritt« von Zivilisationen unausweichlich zu Isolation und Abtrennung von der Natur führt und gleichzeitig den Niedergang eben dieser Zivilisationen markiert.

Ihr sollt wissen, dass das Wenige, was man euch von der Untersuchung des Mars und den Ereignissen auf diesem Planeten zeigt, ein reines Trugbild ist. Die dortige Realität – sowohl auf als auch unter der Oberfläche – ist weitaus komplexer.

Vergesst nie, dass es sich bei dem, was der menschlichen Bevölkerung zugänglich gemacht wird, in großen Teilen um künstliche Informationen handelt, die euch in einem Zustand der Unwissenheit verharren lassen sollen, bis jene, die derzeit scheinbar an der Macht sind, beschließen oder dazu gezwungen werden, euch die Wahrheit zu enthüllen.

Wir sind uns dessen bewusst, dass alle Planeten eures Sonnensystems bereit sind für den Übergang. Auch der Mars – das Spiegelbild eurer Zukunft.

Die Wahrheit über außerirdisches Leben, insbesondere innerhalb eures Sonnensystems, wird euch bald offenbart werden, und ihr alle werdet erfahren, wie wunderbar der Kontakt mit anderen Spezies ist. Wir versichern euch, dass ihr von Seiten eurer entfernten Verwandten nichts zu befürchten habt und dass euch alle zahllose Wunder erwarten, wenn ihr schließlich wiedervereint seid.

Die auf dem Mars lebenden Annunaki, die ihr so sehr fürchtet, werden mehr oder weniger genauso sein wie die, die ihr von der Erde kennt. Nicht mehr und nicht weniger.

Ihr kennt ihre Vorgehensweisen und lernt immer besser, sie zu identifizieren.

Auch sie werden von ihrem Überlebensinstinkt getrieben. Auch sie suchen nach einer Lösung für die Notlage ihres Planeten, so wie eure Wissenschaftler ebenfalls zunehmend in Betracht ziehen, den Weltraum zu kolonialisieren, um den Folgen der Ausbeutung und Zerstörung der Erde durch die Menschheit zu entgehen. Das ist ganz klar der Grund dafür, dass eure Regierungen auf der Oberfläche des Mars herumschnüffeln.

Könnt ihr uns sagen, auf welchen weiteren Planeten in unserem Sonnensystem intelligentes Leben existiert?

Nach allem, was wir gerade gesagt haben, wird es euch kaum überraschen zu erfahren, dass alle Planeten Ras Leben beherbergen, so wie auch die meisten Monde, die um diese Planeten kreisen. Da alles bewusste Leben mit Intelligenz einhergeht, verkünden wir euch hiermit, dass intelligentes Leben nicht nur eure unmittelbare Umgebung – also eure Sonnenfamilie –, sondern das gesamte Universum erfüllt.

Vergesst nie, dass es sich auch bei den Planeten selbst um bewusste Lebewesen handelt.

Euer eigener Mond Luna strotzt nur so von verschiedenen Lebensformen, darunter auch Menschen, die regelmäßig die Basisstationen auf Lunas dunkler Seite besuchen, wo sie sich – was sie ja bezwecken – außer Reichweite der erdbasierten Überwachungstechnologien befinden.

Kapitel 2

Aufbruch in höhere Dimensionen

Wir hören euch fragen: »Wie wird es sein, die Erde zu verlassen und in die vierte Dimension aufzusteigen?« Zunächst einmal hoffen wir, euch begreiflich gemacht zu haben, dass die Erde als gesamter Himmelskörper aufsteigen wird. Das bedeutet, dass ihr auch in den höheren Dimensionen noch auf der Erde leben werdet. Ihr werdet Gaia also nicht verlassen … ihr werdet euch gemeinsam mit ihr verändern.

Ihr macht euch Gedanken darüber, dass ihr eure körperliche Form verlieren könntet. Wir aber sagen euch, dass eure Wahrnehmung sich größtenteils auf so subtile Weise verändern wird, dass ihr kaum registrieren werdet, dass ihr euch nicht mehr in der physischen Welt befindet.

Jene unter euch, die sich dafür entscheiden, als Erdenbewohner in der Spirale aufzusteigen, werden nach wie vor mit Gaia konfrontiert sein, die sich von dem Missbrauch und der Disharmonie, die von den Menschen ausging, erholen wird. Ihr werdet viele Gedanken und viel Energie darauf verwenden, Gaias Heilungsprozess zu unterstützen. Ihr werdet immer noch lieben und fühlen und das Leben auf eine ganz ähnliche Weise erfahren wie an eurem aktuellen Entwicklungspunkt, aber euer Gewahrsam wird sich in vielen seiner Facetten verändern ... in vielen, vielen Facetten sogar.

Ihr arbeitet darauf hin, Meister eurer eigenen Realität zu werden und euch den von außen kommenden Strukturen zu entziehen, die euch im Augenblick noch beherrschen und manipulieren. Jetzt, wo ihr euch auf direktem Weg in eure neue Realität befindet, solltet ihr euch mehr als je zuvor auf eure eigenen Wahrnehmungen und Erfahrungen verlassen. Die Eva (euer intuitives Gewahrsein) wird ins Rampenlicht treten, und dieser Aspekt eurer selbst wird den Großteil der Eindrücke bestimmen, die ihr aufnehmt. Der Adam (euer logischer Verstand) wird sich entspannen und sich – nicht zum ersten Mal – der Eva beugen ... und zulassen, dass die Intuition die Logik übertrumpft. Auch die Erde wird sich weiterentwickeln. Die Disharmonie, die sie durch das Schwarze Loch mit sich bringt, wird *per definitionem* anfangen zu heilen. Ohne eure Egos, euer Getrenntsein und eure extremen Emotionen werdet ihr sehr schnell wieder in einen Zustand zurückfinden, in dem ihr euch in Harmonie mit Gaia befindet.

Die von außen kommenden Herrscher, die euch Gehorsam und ein Leben in Angst aufgezwungen haben, werden aller Wahrscheinlichkeit nach in der dritten Dimension zurückbleiben und den Todesprozess miterleben, der große Teile eures Planeten heimsuchen wird. Sie werden sich daraufhin auf anderen Himmelskörpern des physischen Universums und zu anderen Zeitpunkten reinkarnieren.

Einige von ihnen werden sich bei ihrem Übergang in die Leere der Grauzone der Machtelite anschließen, den direkten Nachkommen der Annunaki. Und ihr, die Erwachenden, werdet aus dem physischen Reich in eure neue Perspektive auf das Leben als etwas, das Geist und Ereignisse durchdringt, transmutieren und eins werden mit der Schwingung aller gleichzeitig existierenden Bewusstseinselemente.

Werdet ihr physische Körper haben? Fürchtet euch nicht, denn auch in dieser nächsten Phase werdet ihr eure Identitäten nicht verlieren. Versteht ihr, was wir mit »Lichtkörpern« meinen? Eure Tempel – die Körper, die eure Seelenessenz beherbergen – werden auf höhere Schwingungen angehoben sein, und das bedeutet neue Referenzpunkte für euer Selbstgewahrsein, eure Wahrnehmung anderer und eure Fähigkeit, die kosmischen Wellen zu erkennen, die durch euch hindurchfließen. Ihr werdet die Energie eurer Mitmenschen als Schwingungsfelder erkennen und innerhalb eines Sekundenbruchteils den emotionalen und geistigen Zustand eures Gegenübers erkennen. Ihr werdet Telepathie beherrschen und entsprechend ohne Worte frei miteinander kommunizieren können – denn Worte sind eigentlich nichts weiter als eine Einschränkung, die eure aktuelle Erfahrung zwingend mit sich bringt.

Wir glauben, dass ihr inzwischen akzeptiert habt, dass unser Channelmedium euch auf diesen Seiten in Kontakt mit einem Rat außerplanetarer Wesen bringt. Falls nicht, hättet ihr dieses Buch doch längst beiseitegelegt. Aber ist es das gedruckte Wort, das ihr lest, oder sind es unsere Schwingungscodes? Trydjya agiert als bewusstes Energiewesen nicht einfach nur wie ein Roboter, der seine Fingerspitzen nutzt, um unsere Worte in den Computer zu übertragen. Sie ist eine Bewusstseinseinheit und erlebt als solche unsere Gedanken in Form einer telepathischen Synergie. Sie sieht Bilder, wenn wir diese Wellen über den Bildschirm auf ihr Drittes Auge übertragen, die Trydjya dann, als physisches Wesen eures Reichs, zu Worten kondensiert, die das ausdrücken, was wir sagen wollen.

Sie verfügt über eine besondere Gabe ... genauso wie ihr, denn das Potenzial zu Wachstum und einem höheren Gewahrsein wohnt allen bewussten Wesen inne. Wie schnell auch ihr euch dafür öffnen werdet, unsere Frequenzen zu empfangen, ist einfach nur eine Frage der Weiterentwicklung eurer Fähigkeiten und des Vertrauens auf die Stimme eures höheren Selbst – eurer inneren Führung –, und dies wiederum sind Bestandteile eurer gesamten Weiterentwicklung.

In der vierten Dimension werden diese Fähigkeiten für euch zu ganz alltäglichen Werkzeugen, und ihr alle werdet euch öffnen wie Wildblumenwiesen, die im Frühling vor bunten Farben fast zu bersten drohen. Es werden nach wie vor verschiedene Grade des Gewahrseins existieren, da sich eure individuellen Fähigkeiten immer nur so weit entwickeln können, wie es der Evolutionsstand eurer Seele zulässt. Eure Gaben sind die Belohnungen, die ihr euch durch eure spirituellen Errungenschaften verdient habt. Sie sind die Begleichung karmischer Schulden. Dies gilt unserem Verständnis nach für alle Dimensionen und Realitäten im Kosmos.

Ebenso, wie ihr während eures Prozesses auf Widerstand treffen werdet, den es zu überwinden gilt, erlebt ihr auch das befriedigende Gefühl, etwas erreicht zu haben. Dies sind die Richtlinien, die euch den Weg nach Hause zeigen.

Wir wissen, ihr sucht nach einem praxisbezogenen, detaillierten Bild eures zukünftigen Seins in den höheren Dimensionen. Aber trotz all des Wissens, zu dem ihr im Augenblick Zugang erhaltet, bewegt sich vieles immer noch im Bereich reiner Andeutungen, und darüber, worauf genau ihr euch zubewegt, gibt es wenige faktische Informationen. Nur Geduld! Vergesst nicht: Wenn ihr all diese Dinge wissen würdet, ehe ihr sie erlebt, wäre es sinnlos, sich die Erfahrungen überhaupt anzueignen. Wenn ihr das Ziel in seiner Gesamtheit kennen würdet, würdet ihr dann mit solchem Eifer eure Reise antreten wollen? Die Aufregung neuer Entdeckungen ist eure größte Motivation. Habt ihr euch einmal vom Göttlichen losgelöst, beginnt für euch ein Lernprozess, der niemals endet – nicht einmal bei eurer Rückkehr zu Allem Was Ist, jemals war und jemals sein wird. Macht euch bewusst, dass ihr durch eure Rückkehr euer erworbenes Wissen wieder zum Ganzen bringt, und genau das war von Anfang an eure Absicht.

Jene unter euch, die kurz davor stehen, in den Bewusstseinszustand der vierten Dimension einzutreten, wurden vom Institut für höheres Lernen angenommen ... Sie sind neue Mitglieder einer empirischen Schule des Gewahrseins. Wenn ihr euren Abschluss macht, werdet ihr viele Belohnungen verdient haben, und wir können euch versichern: Wenn es nicht bereits so weit ist, werdet ihr schon bald über hellseherische Fähigkeiten verfügen, da ihr mit dem übersinnlichen Auge sehen könnt, wie ihr auch dazu in der Lage sein werdet, ohne Hilfe eurer physischen Ohren zu hören und ohne Ertasten zu fühlen.

Wenn ihr bereits mit diesen Gaben gesegnet seid, werdet ihr schon bald feststellen, dass sie sich verstärken. Das ist schlichtweg der natürliche Lauf der Dinge, in dem sich alles weiterentwickelt. Eure sensibilisierten Sinne werden immer schärfer, je weiter ihr voranschreitet. Da ihr bereits seit einiger Zeit auf höheren Ebenen agiert, steigt ihr einfach noch höher empor.

Es gibt vieles, worauf ihr euch freuen könnt, denn ihr wisst ja bereits viel über Schwingungsfelder, Gedankenabstrahlungen und ätherische Energien. Ihr werdet ohne jegliche Schwierigkeiten die vierte Dimension betreten und wieder verlassen können und sogar den Kontakt zu euren Lehrern und Führern aus noch höheren Ebenen wiederaufnehmen können.

Ihr habt einmal erklärt, dass es mit dem Näherrücken des Aufstiegs zu einer Zeitverschiebung kommt. Könnt ihr das etwas erläutern? In welcher Form verändert sich die Zeit?

Je schneller ihr euch auf das Sonnenzentrum zubewegt, wo ihr durch den Kanal in die nächste Dimension aufsteigt, desto deutlicher könnt ihr spüren, dass die Zeit mutiert. Ihr habt den Eindruck, die Zeit würde nur so »verfliegen«. Ihr glaubt, Zeit zu verlieren, empfindet eine gewisse Verzerrung in der Geschwindigkeit, mit der Stunden, Monate, Jahre an euch vorbeieilen ... scheinbar schneller als je zuvor.

Dabei handelt es nicht um »reine Einbildung«, wie man euch glauben macht, verursacht durch den hektischen Lebenswandel, der eure derzeitige Gesellschaft prägt.

Während eure Sonne sich auf den Aufstieg vorbereitet, dreht sich alles schneller, und diese gesteigerte Schwingung verändert auch die galaktischen Töne des Raums, den ihr im physischen Universum einnehmt.

Durch die beschleunigten neuen Harmonien eurer Sonnenfamilie hat die künstliche Zeit nicht mehr denselben Wert. Ihr müsst wissen, dass euer Zeitkonzept und die Weise, wie ihr Zeit messt, auf einer archaischen Wahrnehmung der Interaktionen zwischen Erde, Mond und Sonne beruhen. Und wenn diese Himmelskörper ihre Schwingungsfrequenz verändern, mutiert auch die Zeit, so wie ihr sie kennt.

Wir bitten euch, zudem im Hinterkopf zu behalten, dass sich auch eure individuellen biologischen Uhren beschleunigen und es sich bei dieser gesamten Mutation um eine erhabene Widerspiegelung göttlichen Wirkens handelt.

Wenn alle aufsteigen werden, nehmen wir dann nicht all die aktuellen Probleme der Erde mit in die vierte Dimension, um sie dann dort lösen zu müssen?

Zu keiner Zeit haben wir behauptet, dass ihr alle aufsteigen werdet. Das ist eine inkorrekte Schlussfolgerung. Die Extreme, die während des Prozesses der Erdveränderung auftreten, in dem ihr immer schneller auf das Epizentrum des Vortex zutaumelt, werden die Bevölkerung stark verändern.

Der geophysische Körper der Erde verschiebt sich bereits, und dies zeigt schon erste verheerende Auswirkungen auf eure Bevölkerungen.

Einige dieser Veränderungen sind eine natürliche Folge des Prozesses, bei anderen handelt es sich um bewusste, durch den Menschen hervorgerufene Verletzungen der Energiezonen Gaias. Sie sind teils eine Manifestierung der völligen Gleichgültigkeit, die eure Spezies der Erde gegenüber an den Tag legt, teils sind sie ein Ergebnis der hemmungslosen technologischen Ausbeutung durch außerirdische Nationen und deren Eingreifen in die Angelegenheiten eures Planeten.

Wieder andere sind das Ergebnis außer Kontrolle geratener Technologien, die ihr aus der »Zukunft« mitgenommen habt. Ihr verfügt nämlich über simultane Bewusstseinsebenen in der Zukunft und holt von dort Informationen ein, für deren ethische, angemessene und harmonische Verwendung die Erdgesellschaft im Augenblick eigentlich noch nicht weit genug entwickelt ist.

Wir wollen euch mitteilen, dass die niedrigeren Schwingungen der Disharmonie auf eurem Planeten und die Energien all jener, die verantwortlich für diese Schwingungen sind, mit Sicherheit nicht dazu in der Lage sein werden, mit der nächsten Dimension mitzuschwingen.

Dies kann am besten veranschaulicht werden, indem ihr euch vorstellt, wie ihr versucht, eine Fernsehantenne richtig zu positionieren, während der Sender, den ihr sucht, immer wieder flackernd auf dem Bildschirm erscheint und wieder verschwindet.

Ein Großteil dessen, was in eurer Welt derzeit Unruhen erzeugt, wenn auch nicht alles, wird im nächsten Reich schlichtweg nicht auftreten. Es wird sich in den höheren Schwingungen auflösen und zu Staub zerfallen, der an der imaginären Linse der Nicht-Zeit haftet.

Andere Aspekte des Erdbewusstseins, an denen sich zeigt, wie eure kollektiven Absichten die Materie beeinflussen, werden in diesem nächsten Reich einen zentralen Aspekt eurer Existenz darstellen.

Damit sich in den höheren Schwingungen vieles auflöst und wir in diesem nächsten Reich leben können ... Das setzt doch voraus, dass wir in unserem Lichtkörper aufsteigen, nicht wahr? Bedeutet das nicht, dass der physische Körper verbrannt wird, ein »läuterndes Feuer«, wie es der Erde prophezeit wurde? Das wäre doch ein äußerst schmerzhafter physischer Tod?

Der Prozess der Passage durch Ras Aufstiegskanal – den Astralkanal – wird so unbeschreiblich schnell verlaufen, schneller als mit Lichtgeschwindigkeit, dass ihr ihn im Augenblick intellektuell noch gar nicht begreifen könnt, was sich bis zur Frühphase eures Übergangs aber ändern wird.

Es handelt sich *nicht* um einen Sterbeprozess.

Es handelt sich *nicht* um einen schmerzhaften Prozess.

Es handelt sich um einen Prozess von gewaltiger Strahlkraft, und an seinem Ende steht ... das Erwachen: die Erleuchtung.

Nehmt eine Taschenlampe und richtet sie direkt auf die Wand. Schaltet sie ein. Schneller als die Geschwindigkeit, mit der ihr Licht auf die Wand trifft und sie erhellt ... fast so schnell wie der Gedanke, den Schalter zu betätigen, wird euer Übergang vonstattengehen.

Ehe der Lichtstrahl die Wand treffen kann, wird euer gesamtes Sonnensystem bereits den Astralkanal Ras durchlaufen und die vierte Dimension betreten haben.

So unmittelbar wird der Prozess ablaufen!

Und nun überlegt einmal, ob man in einem so minimalen Zeitfenster Schmerzen erleiden kann. Und bedenkt außerdem, wir euch die diesbezügliche Prophezeiung in einem Paradigma der Angst, des Gehorsams und der Unterdrückung fixiert. Vielleicht war es die Angst und Ignoranz der Seher selbst, die die Hexenverbrennungen als Paradigma für die sogenannte »Läuterung« von eurem in der Form verhafteten Sein konzipiert hat.

Habt ihr das schon einmal bedacht?

In einigen spirituellen Schriften heißt es, dass die Hauptreligionen, gemessen an unserer Zeitvorstellung, noch sehr lange existieren werden. Glaubt ihr, dass diese Religionen sich in die vierte Dimension transzendieren werden?

Institutionalisierte Religionen, wie sie in eurem Bezugsrahmen derzeit existieren, werden in dem Augenblick ihren Wert und ihre Bedeutung verlieren, in dem sich der Schleier hebt und ihr erkennt, dass strukturierte Religionen auf eurem Planeten vor allem deshalb existiert haben, um euch auf verschiedenen Ebenen zu kontrollieren, indem sie das menschliche Verhalten und Denken diktieren.

Wenn ihr erst einmal im goldweißen Licht der Schöpfung steht und ohne jeden Zweifel die Unermesslichkeit dieser bedingungslosen Liebe erfahren habt, wird keine Interpretation, keine Überzeugung, kein Glaubenssystem euch jemals wieder von Nutzen sein können.

Im Augenblick ereignen sich auf der Erde erneut Kreuzzüge, und ihr erkennt, dass die Religion erschaffen wurde, um der politischen Maschinerie zu dienen, die wiederum den Antrieb für den Unfrieden zwischen Völkern und Nationen darstellt. Die Religion wird ihres höheren Zwecks beraubt und dient nur noch den niedersten Formen der Gedankenkontrolle. Und gerade wird sie wieder als Rechtfertigung dafür genutzt, Gewalt gegen andere einzusetzen. Ganze Völker werden in riesige Gebiete eingesperrt, in denen Gehorsam, Manipulation und geheuchelte Rechtschaffenheit regieren.

Religionen, die euch am einen Tag zum Gebet aufrufen und am anderen dazu, den »Feind« zu töten, haben nichts mit eurer Verbindung zu »Gott« zu tun – wie auch immer ihr das Konzept verstehen mögt. Es geht in solchen Fällen einzig um Massenkontrolle und Massensteuerung.

Wahre Religion, die wir lieber als »spirituellen Fortschritt« bezeichnen möchten, wird von eurem persönlichen Bewusstsein und vom Bewusstsein eurer Gruppenseele bestimmt. Und von der Zielsetzung eines jeden von euch und des großen Ganzen – der Einheit –, die Flamme des Gewahrseins zum Lodern zu bringen, das Leben und die Schönheit alles Existierenden zu feiern und dem Allgemeinwohl zu dienen.

Sobald ihr euch nicht mehr an die Gnadenlosigkeit eines Gottes bindet, der euch straft und euch den Zugang in den »Himmel« verwehrt, und euch auch nicht mehr vor einem trügerischen Teufel beugt, der nur darauf wartet, euch aus der inneren Ruhe zu bringen und euch die Seelen aus der Brust zu reißen, werdet ihr klar und deutlich erkennen können, wie eure Gedanken die Realität erschaffen und dass es euch dem Licht näherbringt, selbst von Licht erfüllt zu sein.

Wenn wir vor dem Aufstieg sterben sollten, erreichen wir unser Ziel dann noch? Ich meine, ich würde dieses wunderbare Ereignis und all die Vorbereitungen, die damit einhergehen, wirklich nur sehr ungern verpassen wollen.

Süße Seele, wir können nur wiederholen, was wir bereits gesagt haben: Als Bewusstseinsstrom lernt ihr, dass ihr euch immer genau dort befindet, wo ihr sein sollt – solange ihr nur mit dem Fluss und der Strömung treibt.

Die Seele wirft die Reflektionen des Lichts, das durch die kosmischen Wellen fließt, in eure Herzen, und ihr wisst entgegen all eurer Ängste, dass der Zeitpunkt, zu dem ihr euer aktuelles Leben hinter euch lasst, bereits lange bevor ihr dieses Leben betreten habt bestimmt wurde. Was den Augenblick eures Aufbruchs betrifft, herrscht keinerlei Willkür, kein Zufall – so wie auch eure Ankunft keinesfalls willkürlich verläuft.

Ihr wisst das und habt damit auf Seelenebene bereits euren Frieden geschlossen. Denkt daran, dass euer Seelenzweck klar bestimmt wurde, ehe ihr euch in der Materie kristallisiert und das physische Reich betreten habt, und dass es sich bei den meisten von euch, die die Verschiebung überhaupt wahrnehmen, um solche handelt, die sich dazu entschieden haben, Gaia in diesem Prozess aktiv zu unterstützen.

Der Tod mag manchmal willkürlich, unerwartet, grausam und wenig wählerisch erscheinen – aber er ist von der Seele vorherbestimmt. Euer Betreten des physischen Reichs, was ihr vielleicht als »Inkarnation« bezeichnen würdet, und ebenso euer Fortgehen werden zu dem Zeitpunkt bestimmt, an dem eure Seele die Hallen des Lernens verlässt und sich auf das neue Leben vorbereitet.

Ganz gleich, wie es wirkt: Nichts im Theater des Lebens ist »Zufall«, wie überzeugend die Illusion sein mag, dass das Leben etwas ist, das euch »widerfährt«.

Wir versichern euch, dass viele von euch versterben werden, bevor der Prozess einsetzt, da zahllose Seelen, die im Augenblick auf der Erde wandeln, nicht auf den Aufstieg vorbereitet sind und auch gar nicht an solche Meilensteine der Evolution glauben. Aber das ist so bestimmt.

Manche von ihnen werden in die Grauzone übergehen, andere werden sich dafür entscheiden, sich an anderen Orten des materiellen Universums zu reinkarnieren. Wieder andere werden – entsprechend ihrem Seelenprozess – die Spirale im Schneckentempo erklimmen.

Fürchtet euch nicht, vertraut darauf, dass das Höhere Selbst genau weiß, wo es zu sein hat, und dass die Seele startbereit ist. Majestätisch wartet sie ab, bis sie die Starterlaubnis auf der Rollbahn zu den Sternen erhält.

Was ist die Grauzone? Wann, warum und für wie lange halten sich Seelen dort auf?

Am einfachsten lässt es sich folgendermaßen beschreiben: Die Grauzone ist das, was im Universum der Nicht-Existenz am nächsten kommt. Sie ist eine Zwischenwelt, in der jene Seelen, die einfach nicht willens sind, sich weiterzuentwickeln, was sich daran zeigt, dass sie in den materiellen Dichtegrad zurückkehren, und jene, die sich selbst das Leben nehmen, in einer Art zeitlosem Klebstoff haften bleiben, der einen Dichtegrad aufweist, welcher von Schwingungen und Licht kaum durchdrungen werden kann.

Aber durch den Nebel fällt ein Hauch von Licht, von Klang, von Schwingung, wenn auch scheinbar so weit entfernt, dass er für jene, die dort umherwandeln, ewig verloren in der nebelförmigen Leere, unerreichbar wirkt.

Die Grauzone taucht in vielen eurer religiösen Schriften auf, auch wenn sie sehr unterschiedlich dargestellt wird: als Duat, Fegefeuer … In allen Religionen aber gibt es den Versuch, die Grauzone zu beschreiben, die den Weg kreuzt, auf dem die Seele in die physische Realität eintritt und diese wieder verlässt.

Es gibt auch verlorene – oder besser »gefangene« – Seelen, die versuchen, Erlösung zu finden, indem sie sich an jene klammern, welche die Grenze überschreiten. Darin liegt die Gefahr, die in euren mystischen Lehren beschrieben wird.

Bei vielen von ihnen handelt es sich um jene, die bereits bei ihrem Eintreten in die physische Realität mit Seelen belastet waren, die »per Anhalter« gefahren sind, um sich aus der Grauzone herausziehen zu lassen. Erst wenn sie dazu in der Lage sind, ihr »Vehikel« loszulassen, werden die Träger von der Last der Seele befreit, die bei ihnen Trittbrett fährt. Bis zu diesem Augenblick können die Schwingungen des »Trittbrettfahrers« jene des Trägers stark beeinflussen.

Allzu häufig, etwa bei jenen unter euch, bei denen eine multiple Persönlichkeitsstörung diagnostiziert wird, handelt es sich sogar um mehr als eine Seele!

Das kommt weitaus öfter vor, als ihr wahrscheinlich denkt, und wirkt sich ausgesprochen nachteilig auf die Reise des entsprechenden Individuums aus. Es ist weniger so, dass die Seele, die den Trittbrettfahrer mit sich führt, diesem assistieren muss – es ist eher so, dass die Trittbrettfahrerseele der anderen ihre Schwingung aufzwingt und den Träger in ihre eigenen Schwingungsfelder zieht. Dies führt dazu, dass beide in die unklaren Verhältnisse eines unaufgelösten Karmas und eines niederen Bewusstseins absinken.*

In Anbetracht dessen, was ihr über Karma wisst, könnt ihr euch vermutlich vorstellen, wie diese Verbindung die zwei oder mehr Seelen aneinanderfesselt und wie nachteilig sich dieser Umstand für alle Beteiligten entwickeln kann.

Ausgesprochen viele Seelen, die sich in der Grauzone verirrt haben, scheinen niemals einen Weg hinauszufinden und endlos nach dem Licht zu suchen. Aber der Schein trügt! Wir möchten euch daran erinnern, dass jegliches Bewusstsein schließlich seinen Weg ins Licht findet. Die Verlorenen, die Schatten, die Dunkelheit – *all das findet eines Tages seinen Weg ins Licht.* Das liegt in der Natur der Existenz ... die eine, absolute Wahrheit, von der wir vorbehaltlos zu sprechen wagen. Alles befindet sich in ewiger Bewegung, die Lichtspirale empor.

---

* Genauere Auskünfte über die Befreiung von anhänglichen Seelen und aufdringlichen Wesenheiten gibt das Buch *Unsichtbare Einflüsse* des schwedischen Rückführungstherapeuten Jan Erik Sigdell, der übrigens als Experte für Anunnaki bei AMRA auch mehrere Bücher über diese heimlichen Herrscher der Erde vorlegte. Leseproben auf www.AmraVerlag.de.

Andere Bewohner der Grauzone, wie beispielsweise die grauen Techniker, werden von den Kräften der Dunkelheit unterstützt, denen es hin und wieder gelingt, ein Portal in dieses vernebelte Vakuum zu öffnen. Aber das ist eher die Ausnahme.

Leider werden sie in die Dunkelheit zurückgesogen und bewegen sich auf der Spirale wieder abwärts ... solange, bis sie das Karma aufgelöst haben, das sie an diese Schwingungen bindet. Dann endlich finden sie ihren Weg zurück in die Spirale des Lichts: den Weg nach Hause.

Denkt daran, dass die schöpferische Urkraft überall existiert, in allen Dingen. Selbst die Grauzone spiegelt das Design wider, das die schöpferische Urkraft für die gesamte bewusste Evolution entworfen hat.

Die Grauzone – eine parallele Realität – kann ganze Planeten und sogar Sonnensysteme oder Galaxien einhüllen – alle Orte, an denen die Schwingungsmuster so beschaffen sind, dass selbst die Gottheit sich dort besser nicht hinbegibt. Man könnte es beschreiben als das Ergebnis des Gesamtbewusstseins der Bewohner und Lebensformen der Gottheit.

Handelt es sich bei dieser Grauzone um den Ort, an dem man die Seelen findet, die die Erde verlassen haben – jene, die auch weiterhin an einem Ort oder einer Person hier hängen?

Das ist ein »graues« Gebiet! Denkt daran: Wenn die Seele die physische Welt verlässt und den Schleier durchdringt, kann sie die Umgebung, die sie verlassen hat, aus verschiedenen Gründen noch sehen und mit ihr interagieren.

Das hängt zusammen mit unvollendeten Aufgaben und unaufgelösten Ungerechtigkeiten, manchmal aber einfach auch nur mit der Liebe zu den Leidenden und Trauernden, die die Seele zurückgelassen hat. Gefangene Seelen dagegen sind mit einer solchen Intensität an die Illusion ihres physischen Lebens gebunden, dass ihnen der Übergang nicht gelingt und sie im Hinterland der von uns beschriebenen Grauzone bleiben. Bei ihnen handelt es sich um Geisterseelen, die durch die Hallen längst vergangener Tage wandeln und einen Weg aus dem Nebel suchen, ihn aber nie finden.

Sie sind gefangen in den qualvollen Erinnerungen, die sie an die Grauzone fesseln.

Besteht die Möglichkeit, sie von ihren Qualen zu befreien?

Geübte Hellseher und empfindsame Seelen, die dazu in der Lage sind, diese Seelen wahrzunehmen, können häufig ein so hohes Schwingungsfeld erzeugen und aufrechterhalten, dass für einen kurzen Augenblick genug Licht vorhanden ist, um einen Tunnel für diese allem Licht beraubten Seelen zu erzeugen, den sie dann durchschreiten können.

Wagen sich unerfahrene Praktizierende an diese Aufgabe, kann das ausgesprochen gefährlich werden, besonders, wenn es sich bei diesen Praktizierenden um Menschen handelt, die die Illusionen und Fantasien des Ego-Bewusstseins noch nicht hinter sich gelassen haben. Dann kann es passieren, dass sie eine karmische Verbindung mit der anderen Seele eingehen. Einige werden zu Trägern für diese Geister und dadurch zum Subjekt verschiedener Formen invasiver Energien, die auch als »Anhaftungen« bezeichnet werden. Häufig ist es ausgesprochen schwierig, sie wieder loszuwerden, wenn sie erst einmal ein Vehikel – also einen Wirt – gefunden haben.

Bitte versteht uns richtig: Wir empfehlen diese Ebene von Astralarbeit weder jenen, die nicht dazu berufen sind, in diesem Bereich zu arbeiten, noch jenen, die keine tiefgehende Ausbildung in der Arbeit mit Astralwesenheiten genossen haben.

Jene unter euch, die dazu berufen sind, möchten wir daran erinnern, euch ganz in den Dienst des Wohls des Ganzen zu stellen und euch selbst völlig von eurer Aufgabe loszulösen. Schützt den Raum mit Lichtschilden, Erdungstechniken und Hilfestellungen aus höheren Astralebenen, ehe ihr euch auf eine Reise in die Schattenreiche begebt.

Steigt die Grauzone bei unserem Eintritt in die vierte Dimension gemeinsam mit unserem Stern in einen lichterfüllteren Existenzzustand auf?

Die Grauzone ist kein Aspekt eurer Sonnengottheit – sie ist eine Parallelrealität, die sich sozusagen zwischen den Dimensionen befindet. Sie wird vom Aufstieg eures Sternensystems nicht betroffen sein.

Deshalb wird die Erde als dreidimensionaler Planet nach ihrem Übergang durch den Vortex nur noch als Abdruck im Äther vorhanden sein – aber diese gefangenen Seelen bleiben nach wie vor an die irdischen Konditionen gebunden, die sie während ihres physischen Lebens erzeugt haben, außer sie erhalten Hilfe von bewussten Wesen, die die Absicht verfolgen, sie zu befreien.

Alles verbleibt im Äther.

Laut unserem Meisterphysiker Einstein bewegt sich nichts schneller als mit Lichtgeschwindigkeit. Wie ist das vereinbar mit eurer Theorie, laut der wir bei unserem Aufstieg durch den Astralkanal schneller als das Licht reisen und damit die physikalischen Gesetze aushebeln werden?

So brillant Meister Einstein während seiner verkörperten Zeit auch war, haben wir dennoch gehört, dass viele seiner Theorien zwar angesehen, aber nicht bewiesen sind. Deshalb unterliegen sie der strengsten Auslegung nach nicht den Kriterien wissenschaftlicher »Validierung«, richtig?

Die Wissenschaftsphilosophen, die sich mit der Möglichkeit von Ketten miteinander verwobener Universen beschäftigen, haben Einsteins Vision bereits hinter sich gelassen und präsentieren der wissenschaftlichen Gemeinschaft neue, aufregende Paradigmen, die viel mit dem spirituellen Verständnis der kosmischen Ordnung und Realitätsbeschaffenheit gemeinsam haben.

In der wissenschaftlichen Welt ist bekannt, dass subatomare Partikel an zwei Orten im Raum-Zeit-Kontinuum gleichzeitig existieren und unmittelbar kommunizieren können – schneller als mit Lichtgeschwindigkeit.

Beispielsweise beobachten wir die Experimente, die derzeit von euren wissenschaftlichen Gemeinschaften durchgeführt werden und in denen Körperflüssigkeiten, zum Beispiel Speichel, unter dem Mikroskop untersucht werden, während der Spender das Labor bereits verlassen hat. Zu ihrem großen Erstaunen mussten die Forscher feststellen, dass die Speichelprobe auch auf emotionale Ereignisse reagierte, wenn sich der Spender bereits kilometerweit entfernt befand. Diese Reaktionen fanden noch über längere Zeiträume hinweg statt und wiesen eine bemerkenswerte Dauer auf.

Die beobachteten Zellen reagieren in dem Augenblick, in dem sich die mentalen und emotionalen Felder des physisch abwesenden Spenders ändern.

Neue Erkenntnisse über die Beschaffenheit der Realität tauchen auf, und ihr lernt zu beweisen und zu dokumentieren, dass das Bewusstsein schneller reist als Licht.

Gedanken sind nicht auf die dritte Dimension beschränkt – sie gehen über sie hinaus. Sie sind unmittelbar, simultan, alles durchdringend.

Gedanken und fokussierte, bewusste Absicht reisen durch den Kanal auf die andere Seite eures koexistierenden, multidimensionalen Selbst, das auf einer höheren Ebene schwingt.

Wenn ihr die Macht fokussierten Bewusstseins zu meistern lernt, werdet ihr erkennen, dass ihr die Materie euren Wünschen gemäß umstrukturieren könnt – einfach, indem ihr eure Gedanken auf das entsprechende Gefüge richtet und dann die auf dieser Frequenz mitschwingenden subatomaren Partikel auf eure spezifischen Koordinaten umordnet.

Voilà! Auf diese Weise manifestiert ihr bewusstes Design.

Ihr habt die Fähigkeit, diese Leistung zu vollbringen, und tatsächlich befindet ihr euch mit einiger Regelmäßigkeit energetisch an zwei Orten gleichzeitig. Aber die meisten von euch sind noch zu geblendet von den Illusionen der dreidimensionalen Realität, um zu verstehen, was sich dabei auf der unbewussten – oder besser unfokussierten – Ebene abspielt.

Deshalb bedeutet es für euch eine weitaus größere Herausforderung zu verstehen, wie ihr all das auf einer bewussten, fokussierten Ebene erschaffen könnt.

In eurem Alltag gibt es im Gewirr der Illusionen so vieles, das euch ablenkt – und eure Seele erschafft ohne Unterlass die Perfektion und die Vorlage, in der sich euer biologisches Sein in jenem Dichtegrad der Dimension manifestieren kann, in dem ihr euch gerade aufhaltet.

Ihr bewegt euch auf vielen Ebenen und bringt die verschiedensten Erfahrungen in eure mentalen und emotionalen Körper ein, aber meist seid ihr euch dessen, was ihr in diesem Augenblick erschafft, relativ unbewusst!

In der vierten Dimension werdet ihr euch eurer Manifestierungen vollständig bewusst sein und entsprechend auch ganz genau wissen, was ihr auf den verschiedenen Ebenen erschafft.

Wird es eine parallel existierende dreidimensionale Welt geben, in der Probleme, die beim Aufstieg nicht gelöst werden konnten, weiterhin bearbeitet werden können?

Es existieren unendlich viele Parallelwelten. Stellt euch euer Spiegelbild vor – eine Illusion dessen, wie ihr als physisches Wesen ausseht. Wenn der Spiegel herabfällt und in lauter kleine Scherben zerspringt, dann entdeckt ihr in jeder dieser Scherben euer Spiegelbild. Jede dieser Abbildungen ist ein Hologramm des großen Ganzen.

Das ist natürlich ein stark vereinfachtes Modell des multidimensionalen Universums. Über die gesamte Unendlichkeit des Kosmos hinweg – in den Weiten des physischen Universums und des unermesslichen Jenseits – existieren Spiegelbilder eurer Welt, den unzähligen kleinen Scherben eines zerborstenen Spiegels gleich.

Was wird mit den Annunaki-Marionetten und den Marionettenspielern geschehen, die Gaia derzeit kontrollieren?

Wenn wir das Verhalten der auf der Erde lebenden Annunaki richtig deuten, glauben sie ernsthaft daran, dass sie die Erde erfolgreich auf die Schwingungsebene von Nibiru hinabziehen können, damit ihr ihren Planeten mit in die vierte Dimension transportiert. Sicherlich stellen sie sich außerdem vor, dass sie sich in der vierten Dimension dann zu den triumphierenden Herrschern über eine Welt aufschwingen werden, die einem neuen Paradigma unterliegt.

Da sie nicht dazu in der Lage sind, sich die Schwingungsessenz des nächsten Dichtegrads vorzustellen, in dem sich dunkle Machenschaften wie die ihren nicht halten könnten, beharren sie auf ihrer roboterhaften Überzeugung, dass sie die alte Welt von Nibiru retten müssen, indem sie ihren Planeten in der Erde verankern. Sie verstehen das als letzte Hoffnung für ihren sterbenden Heimatplaneten.

Ihre Herrschaft über euren Planeten wird immer schwächer – aber vorhanden ist sie noch, zumindest im Augenblick.

Sie verfügen über Ressourcen. Sie verfügen über meisterhafte Technologien und clevere Designs.

Sie glauben an die Illusion des Heldentums. Daran, neue Welten zu erobern, an die Art von Fantasien nach dem »Es kann nur einen Sieger geben«-Prinzip, mit dem sie ihre brutalen Kriege und ihre weltweite Tyrannei rechtfertigen.

Wir sehen, dass diese dunklen Krieger sich wieder in ihren unterirdischen Städten und Bunkern verkriechen, jetzt, wo der Übergang naht. Der Traum Nibirus ist ausgeträumt. Dessen könnt ihr gewiss sein. Und dennoch hoffen sie weiter darauf, zumindest sich selbst retten zu können, indem sie sich im Inneren des Planeten verstecken, während er beim Aufstieg Ras im goldenen Kanal emporsteigt.

Obwohl sie keine echte Vorstellung vom Aufstiegsprozess und der damit einhergehenden Mutation der Materie haben, halten sie voller Überzeugung an ihrer Überzeugung fest, dass sie »überleben« und es in die vierte Dimension schaffen werden, wo sie ihre Reichtümer nutzen können, um noch einmal neu anzufangen.

In ihrem Glauben, alles mitnehmen zu können, sind sie in gewisser Weise sehr ägyptisch.

Aber sie können ihre Reichtümer nicht mitnehmen.

Leider haben sie sich an eine unabsehbar lange Reise auf dem Rad der Inkarnation gebunden, die sich im extremen Dichtegrad des dunkelsten physischen Raums abspielt. Es ist sehr wahrscheinlich, dass sie dieses Karma noch über viele Generationen hinweg abarbeiten müssen.

Was genau ist vor, während und nach dem Zusammenbruch von Satais mit Anu und ihren Bewohnern passiert? Wird beziehungsweise wurde das Sternensystem von Anu vielleicht von Spezies mit demselben Ursprung bewohnt wie die, die damals auf Sothis und Satais wohnten?

Die Sternengottheit Anu nährte fünf Himmelswesen, auf denen intelligentes Leben existierte. Dieses setzte sich zusammen aus einer biodiversen Vielfalt, beginnend bei den komplexesten Wasserlebewesen – den galaktischen Vorfahren der Delfinwesen, die dazu in der Lage waren, in hochentwickelten und technologisch überlegenen Gesellschaften zu leben.

Nibiru dagegen beherbergte Lebensformen, die eher reptilienhaft waren. Aber auch dort gibt und gab es technologisch hochentwickelte Umgebungen.

Zwischen den meisten Planeten, die die Lichttrilogie der Sirius-Schwesternschaft in der dritten Dimension teilten, fand ein starker interkultureller Austausch statt, und wir möchten euch daran erinnern, dass diese Schwesternschaft in einem multidimensionalen Kontext nach wie vor existiert: Sirius A (Sothis) nimmt im Augenblick noch physischen Raum in der dritten Dimension ein. Sirius B (Satais) schwingt mit den Frequenzen der sechsten Dimension mit. Und Sirius C (Anu) befindet sich im vierten Dichtegrad.

Dann stimmt es also, dass wir in der nächsten Dimension mit Nibiru mitschwingen werden? Was bedeutet all das für uns und unsere laufende Auseinandersetzung mit den Annunaki?

Denkt bitte daran, dass Nibiru nicht gemeinsam mit dem Stern aufgestiegen ist. Nibiru verbleibt in der dritten Dimension und durchläuft derzeit den dunklen Raum, den Sirius A auf seiner Kreisbahn zurück in euer Sonnensystem hinterlässt.

Und was die Annunaki betrifft: Ihr werdet schon bald begreifen, dass ihr bei eurem Aufstieg in die höheren Dichtegrade dazu aufgefordert sein werdet, den Annunaki die Hand zu reichen und ihnen zu helfen, ebenfalls die Spirale emporzuklimmen. Alle werden sich weiterentwickeln. Alle werden eines Tages den Weg ins Licht finden. Und ihr werdet klar und deutlich erkennen, dass eure eigene Reise viel schneller verläuft, wenn ihr jenen helft, die sich in den dunklen Tunneln verirrt haben.

Werdet ihr sie weiterhin fürchten oder ihnen vergeben und eure Liebe zum Licht in die Dunkelheit hinaussenden?

Es liegt an euch, die Energie zu transmutieren. Und dies ist ebenfalls Teil des Einweihungsprozesses, in dem ihr lernt, die neue Grenze zu meistern.

Ich habe selbst eine Tochter und Angst um mein Kind und alle Kinder. Was wird aus ihnen?

Gesegnet seist du dafür, dass du ein Kind in deiner Obhut hast. Dir wurde eine der größten Freuden im Leben zuteil, aber deine Angst wird diese Freude verringern, und deshalb wirst du ebenso wie deine Tochter stark davon profitieren, wenn du deine Ängste loslässt.

Viele von jenen, die jetzt in eure Welt kommen, sind alte Seelen, die eine aktive Rolle spielen wollen, wenn sich die Herrlichkeit entfaltet. Sie kommen aus verschiedenen Paralleluniversen und, ja, auch anderen Dimensionen, um den Lebensformen auf eurem wunderschönen Planeten zu dienen und zu helfen ... und sie wissen genau, was zu tun ist.

Sie kennen keine Furcht, bis man sie das Fürchten lehrt. Die Furcht tränkt eure Milch, eure Essenz, euer gesamtes Sein.

Ironischerweise erschafft ihr im Leben eures Kindes damit genau das, wovor ihr euch fürchtet: Das Leid, das du, die nährende Mutter, abstrahlst, prägt sich ins Bewusstsein deiner Tochter ein. Deine Angst vor dem Unbekannten ist eine schwere Last, die deine Tochter womöglich für dich weitertragen muss – für immer.

Es kann sogar sein, dass diese süße Seele in deine Welt gekommen ist, um dir die Hand zu reichen, wenn du glaubst, dich verirrt zu haben. Mit einiger Wahrscheinlichkeit ist sie darauf vorbereitet, dir auf Ebenen zu dienen, die du bislang vielleicht noch nicht verstehst.

Viele alte Seelen haben sich durch ihre karmische Reinigung das Recht verdient, zu diesem Zeitpunkt des Übergangs zurückzukehren: Man könnte sagen, dass sie die Show gern miterleben wollen. Ihre Augen sind weit geöffnet, sie pulsieren förmlich vor Aufregung wegen des Bevorstehenden, sind dem Vortex-Punkt bereits so nahe, dass sie ihn mit der Unschuld ihrer geringen Lebenserfahrung – wie kurz diese eurem irdischen Verständnis nach auch sein mag – durchschreiten können, statt mit der Angst an die Sache heranzugehen, die ihr euch erst in eurem langen Erwachsenendasein in der auf der Erde herrschenden Disharmonie aneignet: der Angst vor Veränderungen.

Denkt daran: Eure Angst vor diesen Ereignissen erzeugt sowohl auf persönlicher als auch auf interplanetarer Ebene weitaus mehr Aufruhr und Unruhe, als wenn ihr sie einfach akzeptiert und begreift, dass es sich bei den Erdveränderungen um die Manifestierung des Transformationsprozesses eurer Gottheit handelt und ein Spiegelbild allen Lebens im Reich Erde – und dass Gaia ganz genau weiß, was zu tun ist.

Die Schwingungsmuster, die von Angst und Panik ausgehen, verstärken das Ausmaß und verändern die Manifestierungen der Erdveränderungen. Die Macht instrumentalisiert dies wiederum, um die emotionale Disharmonie in eurer Weltbevölkerung zu verstärken.

Denke einmal an den Geburtsvorgang, daran, wie es sich für dich angefühlt hat, dass diese bestimmte Seele durch dich den Weg in eure Welt gefunden hat. Hattest du Angst um dein Kind, als das Ende deiner Schwangerschaft bevorstand und dir klar wurde, dass sein schmerzhafter Übergang aus der Sicherheit deiner Gebärmutter direkt bevorstand?

Hast du dich auf den Schmerz konzentriert, der deiner Tochter bevorstand, indem sie sich an die scheinbar unmögliche Aufgabe machte, ihren physischen Körper durch den engen Geburtskanal zu zwängen? Hast du dich mit Bildern von ihrem Leid und Grauen gequält?

Mit Sicherheit nicht.

Als die Herrlichkeit der Wiedergeburt bevorstand, hast du dich auf den vor dir liegenden Augenblick gefreut, hast selbst deine eigene Angst vor den Schmerzen, die es bedeutet, einer anderen Seele in die Welt zu helfen, beiseitegedrängt und das Wunder und die Schönheit des Lebens gefeiert.

Du hast dich ohne Zögern geöffnet, hast darauf vertraut, dass alles im Universum schon immer richtig war und es auf ewig sein wird. Und dann kam die Sekunde in eurer illusorischen Zeit, in der ein unschuldiges und hilfloses neues Leben in deine Welt kam und in deine wartenden Arme gelegt wurde – eine Seele, die dich, Gesegnete, dazu erwählt hat, sie ins Licht zu führen.

Und so wird es auch mit dem Aufstieg sein. Mutter Erde hat euch in sich reifen lassen, sie hat das Gewicht und die Last der gesamten menschlichen Spezies in sich getragen und macht sich nun bereit, ihren Platz im Kreißsaal einzunehmen – wo alles in andere Reiche übergehen wird. Und auch in diesen neuen Reichen werdet ihr willkommen geheißen und umsorgt werden.

Der Aufstiegsprozess bedeutet eine lichterfülltere Bewusstseinsebene, auf der sich ein großer Teil der Disharmonie eures aktuellen Lebens schlichtweg nicht mehr halten kann und ihr alle durch neue Wahrnehmungen auf eurem ewigen Weg zurück zur Quelle geführt werdet.

… und was ist mit denen, die nicht aufsteigen? Was geschieht mit ihren Seelen?

Wenn sie in die Hallen des Lernens zurückgekehrt sind, sich dort neue Informationen über ihre nächste Inkarnation angeeignet und sich ausgeruht haben, wird es für sie ein neues Leben, eine neue Wiedergeburt geben. Sie springen dann zurück in den Dichtegrad der physikalischen Realität … irgendwo, irgendwann … Denn die Seele entscheidet über die neue Körper- und Formerfahrung und gestaltet sie.

Was für eine Form der jeweilige Körper annimmt und in welcher Umgebung er ein Resonanzfeld findet, in dem er sich entwickeln kann, das ist ein Prozess, der sich einerseits aus karmischen Mustern, andererseits aber auch aus den Entscheidungen der Seele zusammensetzt.

… und wenn die Erde das physische Universum bei ihrem Aufstieg verlässt – haben diese Seelen dann denn überhaupt noch die Möglichkeit, sich zu inkarnieren?

Vergesst nicht, dass im materiellen Reich Tausende von Spiegelbildern der Erde existieren – in eurem unendlichen materiellen Universum ebenso wie in den ebenfalls gewaltigen Paralleluniversen. Ihr selbst habt andere Welten erlebt, ehe ihr in dieses Leben gekommen seid. Viele von euch erinnern sich sogar noch vage daran, von einem anderen Planeten zu stammen – aus anderen Sternensystem und teils sogar anderen Universen.

Für euer Begreifen dieses Aspekts der Existenz ist es von zentraler Bedeutung, dass ihr ein bestimmtes Wissen akzeptiert und integriert … dass es nämlich zahllose planetare Umgebungen gibt, in denen Lebewesen, die euch in Form und Wesen teils stark ähneln, existieren und gedeihen.

Was könnt ihr uns über die Zukunft der Tier- und Pflanzenwelt erzählen? Werden auch sie aufsteigen?

Im Prozess der Lichtkörperverfeinerung und des unmittelbar bevorstehenden Übergangs durch den Aufstiegskanal eurer Sonnengottheit werden die Gärten der Erde ihre Zelleinheiten neu zusammensetzen, so wie es auch die menschlichen Formen tun werden, um größere Mengen an Photonen absorbieren und reflektieren zu können. Deshalb wird ihr struktureller Aspekt eine stärkere Lichtdurchlässigkeit aufweisen.

Das Universum ist darauf eingestimmt, DNA in Planetensystemen zu formen und zu transmutieren – in Harmonie mit den Elementarenergien, die in der jeweils gegebenen Umgebung existieren, wenn es dem Leben dort gerade bestimmt ist, einen Sprung nach vorn zu tun.

Lasst euch einmal folgende Hypothese durch den Kopf gehen: Die vier Elemente auf diesem Planeten – Luft, Feuer, Wasser, Erde – sind lebendige Einheiten, die von Elementargeistern beherrscht werden, die in der ätherischen Welt existieren – ein Bewusstseinsrahmen, der parallel zu eurem verläuft. Sie wurden von euren Mystikern bereits erkannt, und zwar als Sylphen (Luft), Salamander (Feuer), Undinen (Wasser) und Gnome (Erde). Und sie alle werden wiederum von den Engelwesen beherrscht, bei denen es sich um die Hohen Geister aus dem ätherischen Reichen handelt.

Die Luftgeister (Sylphen) existieren auf der höchsten Schwingungsfrequenz aller Elemente, aus denen sich die Erde und sämtliche Bioformen auf eurem Planeten zusammensetzen. Sie interagieren mit den Menschen in Aspekten, die den intelligenten Verstand, also neuronale Impulse, sowie die Konzeptualisierung des Universums, Gedanken, Kommunikation, Philosophie und vieles mehr betreffen.

Die Feuergeister (Salamander) hingegen existieren in der Flamme: Sie interagieren mit menschlichen Energiemustern, der kollektiven Leidenschaft und dem Kollektivwillen des Menschen sowie seiner Körperelektrik.

Die Wassergeister (Undinen) existieren im Wasser selbst: Sie sind unmittelbar in den spirituellen Gehalt der Gewässer

Gaias involviert und existieren im emotionalen Körper von Menschen, Tieren und Pflanzen.

Wasser ist der quintessenzielle Aspekt des Erdbewusstseins, so wie es für den Planeten Mars in seinem aktuellen Zustand das Feuer ist. Die Wassergeister werden angerufen, um bei der Restrukturierung der DNA aller Lebensformen auf eurem Planeten zu helfen. Es ist von größter Bedeutung für die immer schneller erfolgenden Änderungen eurer DNA, dass das in den Zellen enthaltene Wasser rein ist und in den höchsten Frequenzen schwingt, damit es seiner Funktion als interzellularer Datenüberträger nachkommen kann. Sie interagieren mit Gaias Lebewesen auf einer emotionalen Ebene.

Die Erdgeister (Gnome) stehen in Zusammenhang mit dem Mineralreich, das bekanntlich sehr viel langsamer schwingt als die anderen Naturreiche. Dieses Reich bietet die Nährstoffe für die Pflanzen- und Tierreiche und ist die Grundlage aller Lebensformen auf dem Planeten.

Diese Geisterwesen werden mit den höheren Frequenzen der vierten Dimension mitschwingen und, so komplex das auch auf euch wirken mag, ebenfalls eine Bewusstseinserweiterung erfahren, da sich ihr Dichtegrad auf eine höhere Frequenz verfeinert. Das gilt für die Pflanzenfamilien, für die Tiere und für die Menschen.

Wir möchten gern unterstreichen, dass der emotionale Zustand der Tiere in der Frage des Aufstiegs von zentraler Bedeutung ist. Die Tiere, die misshandelt werden … die von grausamen Übeltätern in Käfige gesperrt werden – ganz gleich, für wie nobel die Täter ihre Absichten auch halten mögen … Tiere, die ausgesetzt werden … Tiere, die erleben müssen, wie ihre Art in freier Wildbahn nach und nach ausstirbt … All jene Tiere, die von Menschenhand Leid erfahren, werden den Aufstiegsprozess nicht mit euch durchleben können.

Es ist von großer Wichtigkeit, das emotionale Wesen der Tiere und ihre Beziehung zur Erde zu bedenken und als liebevolle und verantwortungsbewusste Hüter zu agieren.

Menschen, Tiere, Pflanzen, Mineralien: Sie alle interagieren in dem Prozess. Sie alle durchleben die Verschiebung bis zu einem gewissen Grad.

Und was ist mit den Delfinen und Walen?

Sie scheinen zwar zu den Meeresgeschöpfen zu zählen, aber die Delfinwesen und großen Wale sind ebensowenig »Tiere« wie ihr, der *Homo sapiens,* Repräsentanten des Tierreichs seid. Vielmehr sind sie hochentwickelte Wesen, deren Anwesenheit auf der Erde der Aufgabe gewidmet ist, die Frequenzen der Ozeane zu weben und Gaias Gewässer im Gleichgewicht zu halten. Dies haben sie bis zur Zeit eures Zweiten Weltkriegs mit großer Eloquenz erreichen können, trotz der Zerstörungswut und des Blutdursts zahlreicher erbarmungsloser Jäger. Aber seit dem Zweiten Weltkrieg herrscht eine solche elektromagnetische und sonartechnologische Interferenz, dass sie aus der Bahn geworfen wurden – und das war und ist das bewusste Ziel der Machtelite, die einen Großteil des Chaos auf der Erde steuert und erzeugt.

Als Reaktion auf diesen Missbrauch und zur Vorbereitung, um euch auf anderen Ebenen zu Diensten sein zu können, haben die Delfine und Wale kürzlich als Seelenkollektiv beschlossen, dass es an der Zeit ist, euch zu verlassen.*

Wir wissen, dass ihr, die Erwachenden, diese Vorstellung verstörend findet, denn eure Herzen schlagen in perfektem

---

* Hierzu hat Patricia Cori mit Unterstützung des Hohen Rates vom Sirius eigens ein ganzes Buch gechannelt: *Bevor wir euch verlassen.* Es enthält Botschaften der Wale und Delfine an die Menschen sowie achtzehn farbige Klangbilder der Cetaceaner, die der Ozeanforscher Mark Fischer in seinem Nachwort detailliert erklärt. Leseproben auf www.AmraVerlag.de.

Einklang mit der Musik der Delfinwesen, und eure Liebe und euer Respekt gegenüber den großen Walen ist gewaltig.

Tröstet euch damit, dass sie lange vor der großen Verschiebung aufsteigen und dann von den höheren Dimensionen aus mit euch zusammenarbeiten werden.

Wie wir bereits früher erklärt haben, sind viele von ihnen hier bei uns, als Mitglieder des Hohen Rats vom Sirius.

Das ist faszinierend! Wie kommuniziert ihr miteinander?

Verbale Kommunikation ist im dritten Dichtegrad, in dem ihr euch aufhaltet, eine Notwendigkeit.

Von der nächsten Ebene an besteht aber kein Bedarf mehr an einer gemeinsamen, erlernten Sprache. Wir kommunizieren über telepathischen Wellen.

Wir haben die Fähigkeit zu unmittelbarer Übertragung und Klarheit von Absicht und Ausdruck. Gedankenübertragung ist frei von Täuschung und künstlichen Bedeutungen.

All unsere Kommunikation, ohne jede Ausnahme, unterliegt dem Wohl des großen Ganzen.

... und dennoch sprecht ihr so eloquent zu uns!

Wir verwenden die Gaben der Empfänger/Überträger wie in diesem Fall unseres Channelmediums Trydjya, die unsere Gedanken ins geschriebene Wort transzendiert.

Wir kommen durch die Hände des eingestimmten Malers, dessen Pinsel Emotionen zu Landschaften in euren Köpfen werden lässt. Wir können vom Maestro gehört werden, der unsere Gedanken zu musikalischen Mustern gefriert, die von Musikern gelesen und nachgebildet werden.

Unserer Meinung nach sprechen all diese Manifestierungen zu euch – Sprache ist nicht das einzige Konstrukt.

Andere gechannelte Lehren sowie einige unserer wichtigsten metaphysischen Schriften legen nahe, dass wir nicht in die vierte, sondern in die fünfte Dimension voranschreiten.

*Was ist richtig?**

Die vierte Dimension ist eine Art Reinigungsstation zwischen den niedrigeren und den höheren Dimensionen – ähnlich dem menschlichen Herzchakra, das ein Reinigungszentrum für eure höheren Chakren darstellt.

In Anbetracht der starken Frequenzen, die an Gaia zerren, ist eure Planetenmutter nicht unbedingt so weit fortgeschritten, dass sie jegliches negatives Karma aus ihrem Körper beseitigt hat, und ihr seid, wie ihr euch vielleicht erinnern könnt, die Atome, Zellen, das Gewebe der Mutter!

Im Prozess eures Übergangs durch Ras Aufstiegskanal wird ein Großteil dieser Disharmonie freigesetzt und von den Schwingungsmustern der niedrigeren Energien gereinigt. In der vierten Dimension werden die komplexeren Aspekte des Dualismus und der Polarität zu etwas verfeinert, das sich dann als lichterfüllterer, leuchtenderer Himmelskörper widerspiegeln wird – ebenso wie die Form und Essenz der Lebewesen, die gemeinsam mit Gaia den Übergang vollziehen.

Einige aus eurer Spezies werden sogar einen weiteren Sprung tun und die vierte Dimension einfach auslassen. Viele der weiterentwickelten Seelen auf der Erde werden Quantensprünge in sehr viel höhere Dimensionen vollziehen – einige werden sogar auf unsere Ebene gelangen. Einige von ihnen

---

* Diese Frage wird häufig von Leserinnen und Lesern der Bücher von Pavlina Klemm gestellt, die ebenfalls bei AMRA erscheinen. In den *Lichtbotschaften der Plejader* ist immer von der fünften Dimension die Rede, in die wir jetzt zu Beginn des Goldenen Zeitalters gerade aufsteigen. Laut den Plejadern wechseln wir also von der dritten in die fünfte Dimension. Warum spricht Patricia Cori von einem Übergang in die sechste Dimension?

werden euch auch vorausgehen, um euch bei eurem Eintreffen hilfreich zur Seite stehen zu können.

Denkt daran, was wir euch erklärt habe: Wir sind *ihr*, im Kontext eures künftigen Selbst ... aber das dürfte für euch inzwischen nicht mehr weiter verwunderlich sein.

Was an dieser Stelle von Bedeutung ist, ist die Gesamtheit – das Sonnenlogos, das sich aus allem Leben, allen Formen, allen Planetenwesen Ras, allem Bewusstsein zusammensetzt – und nicht nur die individuellen Lebenseinheiten auf dem großen Planeten Erde. Jenen unter euch, die sich nun fragen, auf welcher Ebene sie sich wiederfinden werden, sei gesagt: Eure Seele hat bereits ihren Weg festgelegt, und jeder eurer Gedanken, jede Handlung, jedes Wort führt euch zum nächsten Rastplatz auf der Autobahn eurer Existenz.

Hütet euch davor, euch selbst etwas vorzumachen und euch wilden Fantasien hinzugeben.

Es geht um eure Fähigkeit zu bedingungsloser Liebe, die keine Befriedigung des Egos braucht und sich jenseits persönlicher Belange bewegt.

Es geht eigentlich nur um das Herz, ihr Lieben: das Herz, das Herz, das Herz.

Werden wir in der vierten Dimension denn noch eine physische Form haben?

Ja, aber sie wird leichter und lichtdurchlässiger sein. Erst ab der fünften Dimension erzeugt die Seele keine Form mehr.

In der vierten Dimension werdet ihr die Dinge durchschauen können – in jedem Wortsinn. Ihr werdet euch immer noch als Form erleben, aber nicht mehr mit demselben Dichtegrad wie im Augenblick.

Bedenkt, dass alle Dimensionen aus Zwischentönen und Schattierungen bestehen. In den höheren Aspekten der vierten

Dimension habt ihr alle Farben des Regenbogens, in den niedrigeren seid ihr noch mit den dissonanten Überresten konfrontiert, die ihr aus der dritten Dimension mitgebracht habt. Dort befindet ihr euch noch in einem lichtundurchlässigen Zustand, und womöglich gibt es auch noch viele Schatten, durch die das Licht gerade erst seine goldenen Fäden der Befreiung webt.

Es wird einiges an Heilung nötig sein, die Reinigung von unharmonischen Gedankenformen, die Loslösung von Karma-Verknüpfungen und von den Gitternetzen der Erde. All das werdet ihr voller Bewusstsein und Vergebung in der Erkenntnis tun, dass ihr Mitschöpfer der gesamten Realität seid.

Unserer Erfahrung nach sehnen sich die neu eingetroffenen Seelen in den Frühphasen des vierdimensionalen Bewusstseins noch stark nach den Illusionen der Körperlichkeit und verwenden entsprechend viel Energie darauf, diese Illusion wiederherzustellen, bis sie irgendwann ein stärkeres Gewahrsein für das Neue entwickeln. Wir versichern euch aber, dass die vierdimensionale Realität euch weitaus vertrauter sein wird, als ihr euch vorstellen könnt.

Einige unter euch werden den Übergang tatsächlich sogar nicht sofort bemerken – außer dass sie beim Aufwachen feststellen, dass die Welt viel strahlender erscheint als beim Zubettgehen – so unendlich viel strahlender.

KAPITEL 3

Die Evolution eurer DNA

Die Menschheit hat in der Entwicklung ihres Gewahrseins der genetischen Lebensformeln einen Punkt erreicht, an dem sie die oberste Mathematik der schöpferischen Urkraft verändern kann, um die uranfänglichen Muster biologischer Substanz zu rekonstruieren. Ihr lernt das Wissen der alten Atlanter neu, oder genauer gesagt, ihr *erinnert* euch wieder daran.

Dieses Wissen wurde im Verlauf der Menschheitsgeschichte an zahllose Gesellschaften weitergegeben.

Es bietet euch die Möglichkeit, aus Wesen jeglicher Größe – von winzigen Molekülen bis hin zu biologisch komplexen Gattungen wie eurer eigenen oder solchen außerirdischen Ursprungs – Hybridformen und Mutationen zu bilden.*

---

* Dass diese Fähigkeit vermutlich sogar am Anfang der Menschheitsgeschichte stand, zeigt sehr anschaulich das Buch *Hybride Menschen*. Die Australierin Daniella Fenton schildert darin, wie eine Gruppe von Plejadern, die auf der Erde Schiffbruch erlitten hat, aus einer früheren Version des Menschen den *Homo sapiens* entstehen ließ, aus dem wir uns dann entwickelten. Leseproben auf www.AmraVerlag.de.

Die Maya, die Ägypter und viele weitere Zivilisationen in eurer bekannten und unbekannten Geschichte hatten Zugang zu diesen Informationen, ebenso wie ihr jetzt. Im Wesentlichen läuft es darauf hinaus, dass ihr jene göttliche Weisheit wieder in den Vordergrund des menschlichen Wissens rückt, mit der die Schöpfung die »Kosmometrie« ihres eigenen Designs immer detaillierter formuliert, konstruiert und dann erbaut.

Die meisten fortschrittlichen Zivilisationen erreichen an irgendeinem Punkt ihrer Evolution diese Stufe, denn alle intelligenten Mitglieder dieser Gesellschaften sind auf ihre Weise ebenfalls Götter, reisen in die entlegensten Winkel des materiellen Universums und können schließlich gar nicht anders, als die Geheimnisse ihrer individuellen Existenz sowie die Funktionsweise des großen Ganzen neu zu entdecken – den *Kosmos der Seele.*

Leider wird dieses so machtvolle Wissen, so herrlich es auch sein mag, in den Händen der menschlichen Gattung herabgesetzt, da der Mensch so materialistisch und arrogant ist, dass er Spirit leugnet und die Gentechnologie in einer pietätlosen Weise verwendet, die man euch teilweise noch als überlebensdienlich und zukunftsweisend für die Menschheit verkauft ... und die in großen Zügen auch für Geheimtechnologien eingesetzt wird – für biologische Kriegsführung und Humanoid-Robotik, die schon bald Teil eurer Lebenswelt sein wird.

Dort, wo ein Gleichgewicht herrscht, verhindert die Ehrfurcht vor der Makellosigkeit des göttlichen Plans, dass die destruktiven Kräfte diese wichtigste aller Entdeckungen in den Bereich ihrer dunkelsten Schwingungen führen – an einen Ort, an dem groteske Manipulationen der in die DNA eingebetteten genetischen Codes die Harmonien der Lebenden durcheinanderbringen und die himmlischen Vibrationen des Universalgeists verringern. Wo aber kein Gleichgewicht herrscht, wie es in eurem eigenen evolutionären Schema als wichtigste

Bewohner der Erde der Fall ist, kommt es zu unbeschreiblichen Störungen in der planetaren Harmonie auf jeder Ebene und in jedem Resonanzreich.

Eben diesen Prozess erlebt ihr gerade. Eure Reise durch die Dürreperiode bringt euch an die Grenzen eurer geistigen Gesundheit, und die himmelschreiende Zerstörung des herrlichen Garten Eden, in dem ihr lebt, brennt euren Abdruck tief in Gaias unsterbliche Seele ein.

Ihr könnt euch ja vorstellen, wie schmal der Grat ist zwischen »Gottsein« und an der Schöpfung des Universums teilhaben und »Gottspielen« mit den Schöpfungsprinzipien. Dieser feine Unterschied ist von tiefgreifender philosophischer Bedeutung und eine umfassende Diskussion und theosophische Erwägungen wert, aus denen ihr womöglich neue »empirische Kleider« für eure aktuellen Gesellschaften nähen könnt.

Unsere Ältesten und ihr Team aus Gentechnikern haben durch das Karma, das sie für Sirius und andere außerirdische Welten erschaffen haben, gelernt, wie schmal der Grat ist und was es bedeutet, ihn zu übertreten. Die Ergebnisse des Großen Experiments, das auf der Erde stattfand, hat unsere gesunkenen Schwingungen in die karmischen Designs und Seelenmuster der Menschheit eingewoben – einer Sternensaat.

Da gab es jene aus den höheren Dimensionen, die Lichtfrequenzen ins Kristallwasser eurer DNA-Matrix tönten: die Allianz aus Engelkriegern, das Andromeda-Netzwerk, Aufgestiegene Meister, Erleuchtete aus der siebten, achten und neunten Dimension, sirianische Älteste und Lichtboten von den Plejaden. Und gleichzeitig waren andere wie die Engan vornehmlich mit den biochemischen Aspekten eurer Saat beschäftigt – den genetischen Treibern ihrer eigenen Gattung. Für sie stand das Überleben ihrer Spezies im Vordergrund. Mochte ihr genetischer Abdruck auch in der Neuen Welt modifiziert werden, lebte ihre Spezies in den Sternensaat-Generationen doch weiter.

Sie hatten das Bedürfnis, dem Aussterben zu entgehen – eine ausgesprochen dreidimensionale Perspektive. Das war von Anfang an ihre Absicht und ein notwendiges Element für die Saat. Leider wurde auch dieses angstbasierte Bewusstsein, der polare Aspekt des positiven Überlebensbewusstseins, das ihr brauchtet, um in der Wildnis der Erde überleben zu können, von Anfang an in euch eingeprägt.

Als das Gitternetz um euch herum ausgelegt wurde und die zehn lichtkodierten Stränge eurer DNA deaktivierte, wurden die fundamentalen Schwächen aller vier Meisterstränge weitaus wichtigere Aspekte des menschlichen Erlebens. Von diesem Augenblick an wart ihr verwickelt in den Kampf zwischen den niederen und höheren Schwingungen eures genetischen »Gedächtnisses«, und das hatte seine Konsequenzen: Ihr wurdet daraufhin durch die Grundschwingungen der elektromagnetischen Felder der Annunaki deaktiviert.

Ihr wart benommen, in ihren mächtigen Netzen gefangen – und das so kurz nach eurer Inkubation. Und dort seid ihr geblieben, bis jetzt, wo sich das Netz trotz ihrer verzweifelten Versuche, es neu zu weben, auflöst und in das helle Strahlen eingeht, das von der aufsteigenden Seelenessenz Ras ausgeht.

Die Lehren des Hohen Rats vom Sirius beschreiben unsere Beschränktheit auf zwei DNA-Stränge als ein Spiegelbild unseres Gefangenseins in der extremen Polarität auf diesem Planeten. Bitte erklärt uns dieses Konzept genauer.

Die essenziellen Elemente eurer DNA sind aus winzigen Schwingungswellen spiralförmig sich fortbewegenden Lichts eurer Sonne geformt, die als Wege dienen, auf denen subatomare Partikel aller biologischen Formen in ebenfalls spiralförmig laufende Bewusstseinslichtfäden hineingezogen werden. Jeder einzelne DNA-Strang entspricht einem dieser

Lichtfäden. Es handelt sich um lange Polynukleotidketten, die in einer gesunden biologischen Umgebung so lang wie ein Chromosom sind.

Doppelsträngige DNA, mit der ihr seit über hunderttausend Jahren operiert, enthält zwei solcher Ketten, die präzise zusammengehalten werden durch Wasserstoffverbindungen zwischen stickstoffhaltigen Basen.

In dieser Ordnung ist die Basis jedes Strangs verbunden mit seiner Gegenstückbasis auf derselben Ebene im anderen Strang, wodurch spezielle Basenpaare entstehen, die sich von einem Hauptstrang zum anderen erstrecken.

Die geometrischen Beschränkungen, die durch diese Doppelhelix auferlegt werden, in der sich zwei DNA-Stränge um eine kosmometrisch perfekte Doppelachse drehen, diktieren, dass diese Stränge in entgegengesetzte Richtungen verlaufen müssen. Das bedeutet, dass sich die beiden Stränge in oppositioneller Polarität befinden – sie dienen einander sozusagen als Spiegel, und dies definiert eure Realität im materiellen Universum, in dem polare Kräfte als Gegensätze existieren.

Indem ihr den dritten DNA-Strang integriert und kristallisiert, der die anderen beiden durch denselben biochemischen Prozess der Wasserstoffverbindung verknüpfen wird, erzeugt ihr innerhalb der DNA eine Triangulierung. Wie ihr wisst, ist das Dreieck die erste Form eurer euklidischen Geometrie und repräsentiert schwingungsmäßig die Beilegung des ewigen Kampfs um Gleichgewicht in jeder Zweierpolarität.

Es kursieren sehr viele Bücher mit Anleitungen für die Aktivierung des zwölften, zweiundzwanzigsten, hundertvierundvierzigsten oder gar tausendsten DNA-Strangs. Bitte erklärt uns, warum ihr euch auf die Wichtigkeit der Aktivierung eines einzigen zusätzlichen Strangs konzentriert und wie diese erfolgreich umgesetzt werden kann.

Wir laden euch herzlich ein, so kritisch wie möglich mit den vielen haarsträubenden Behauptungen umzugehen, mit denen man euch in dieser Zeit extremer Beschleunigung und der Schöpfung neuer Paradigmen für die menschliche Evolution konfrontiert. Stellt euch die Frage, ob durch die Informationen und Behauptungen, die die Designer dieser Informationsautobahnen machen, nicht euer Ego aktiviert wird.

Als zweisträngige Wesen im herzzentrierten Bewusstsein seid ihr herrlich. Ihr seid zu unendlicher Kreativität fähig. Ihr seid fähig zu genialen intellektuellen Leistungen.

Ihr könnt die Schwingungsfrequenzen unbeschreiblich lichter Schönheit erreichen. Und vor allem seid ihr Quellen unermesslicher Liebe und Selbstlosigkeit.

Aber die Informationen, die mit dem dritten DNA-Strang in euren Intelligenzkodex eingewoben werden, ermöglichen den vielleicht wichtigsten all eurer Gewahrseinssprünge: Sie erzeugen eine Triangulierung der DNA und rekonstruieren damit die Blaupause, auf deren Grundlage ihr eine neue Verbindung zu dem galaktischen Erbe aufbaut, das sich euch im Augenblick noch entzieht.

Wir glauben, dass dies der wichtigste Aspekt eures Erwachens ist: euch daran zu erinnern, wer ihr seid und wo ihr herkommt – euch also an euer Sternenerbe zu erinnern. Im Rahmen dieses Prozesses heilt ihr die Krankheitsherde in den Astral- und Kausalkörpern und webt die Kosmometrie erleuchteten Bewusstseins neu.

Unserer Beobachtung nach hat zum jetzigen Zeitpunkt kein Mensch auf Erden ein 12-strängiges Bewusstsein erreicht. Die Erfahrung lehrt jedoch, dass der Aufsteigende für den Übergang ein vollständiges 12-strängiges Bewusstsein erlangt haben muss. In eurem Dichtegrad in der aktuellen Phase eures Planeten würden zwölf Stränge an DNA-Lichtfäden eure Schaltkreise sprengen, und eure Körper würden einfach explodieren –

ähnlich, als würdet ihr euch direkt in ein tosendes Gewitter einstöpseln.

Was den Prozess der Integration des dritten Strangs betrifft, so erzeugen die natürliche Beschaffenheit der Erdbeschleunigung und des sich rasant auflösenden elektromagnetischen Netzes aus dunkler Kraft die Frequenzeinstellung, in der der dritte DNA-Strang die richtigen Harmonien für seinen Wiederaufbau und seine Integration findet.

Ihr könnt diesen Prozess jetzt beschleunigen und in der Zeit des Übergangs ein erhöhtes Gewahrsein erschaffen – mehr Tempo –, oder ihr könnt eure spirituelle Reise fortsetzen und den Augenblick abwarten, in dem diese Aktivierung spontan in euch stattfindet.

Ganz gleich, wie schnell ihr in die Reiche der Erwachten springen wollt … oder wie frustrierend ihr den Prozess findet, den ihr während dieser Zeit des Aufruhrs durchlaufen müsst … Ihr sollt wissen, dass ihr den Sprung so oder so vollziehen werdet, als erwachte Wesen Gaias des 21. Jahrhunderts.

Das ist dein Geburtsrecht, Sternensamen.

Ein neuer Tag bricht an.

Könnt ihr näher erklären, wie genau dieser dritte DNA-Strang aktiviert wird?

Ihr könnt die Integrierung des dritten Strangs und die darauffolgende Aktivierung der Zirbeldrüse beschleunigen, indem ihr absichtlich und mit vollkommener Konzentration auf dieses Ziel die höheren Oktavharmonien und die Kosmometrie eures sich weiterentwickelnden Bewusstseins in das Zellwasser eures Körpers einspeist. Dadurch erzeugt ihr die Blaupause, anhand derer die aktivierten DNA-Stränge, geformt aus den winzigsten Spiralwellen aus Sonnenlicht, die subatomaren Partikel aus Gaia-Energie zu Lichtfäden aus Bewusstsein formen.

»Aktivierung« ist ein Ausdruck, den wir verwenden, um die Magnetisierung der essenziellen Elemente eurer schlummernden DNA zu beschreiben, die im Augenblick noch verstreut zwischen euren Genmarkern herumliegen.

Diese Magnetisierung verwandelt sie in Lichtstränge ätherischen Bewusstseins, die zu einem superleitenden tetraedrischen Bewusstseinsfaden verwoben werden, der die Erinnerungen eurer Sternensaat einwebt.

Wird sich dieser dritte DNA-Strang als physischer Aspekt unserer genetischen Beschaffenheit manifestieren? Und wenn ja: Sollte es unseren Wissenschaftlern dann nicht bereits möglich sein, ihn zu identifizieren?

Das gesamte Genmaterial eures 12-strängigen Bewusstseins befindet sich innerhalb eures physischen Seins.

Es liegt dort verstreut und wartet darauf, wieder zusammengesetzt zu werden.

Diese Informationen sind von äußerster Wichtigkeit dafür, dass ihr die Mysterien eures Ringens entschlüsselt und euren Weg aus eurem eingeschränkten Zustand findet.

Eure Wissenschaftler wissen genau, dass diese Teile des Puzzles – die geheimnisvollen Schnipsel aus nichtkodierter DNA in den Chromosomen oder Genomen, weitaus mehr sind als »Junk«, also »Müll«.

Noch bis vor Kurzem ging man davon aus, dass sie keinem Zweck dienen – und das in einem ansonsten nahezu wundersam perfekten Design von Leben in biologischer Form.

Augenblicklich kommt es zu unglaublichen Entdeckungen in den Genlabors. In dieser Zeit des Zutagetretens neuen Wissens und der Verschiebung des menschlichen Bewusstseins steht ihr kurz davor, dass diese und andere Beweise enthüllt werden. Und doch werden nur jene unter euch, die die Bedeutung dieser Mutationen erkennen, überhaupt begreifen, was für eine Tragweite diese Enthüllungen haben.

Ihr sollt wissen, dass geübte Medien im Augenblick mit den Wissenschaftlern zusammenarbeiten, um die ätherischen Energielinien aufzuspüren, auf denen sich die Genmaterial-Schnipsel zu komplexen Formationen mit einer DNA von höheren Oktaven umorganisieren. Wenn sich diese Informationsfetzen verweben, ist die Schwingungsfrequenz der Formation sozusagen außer Reichweite der Betrachter … Aber bald, sehr bald schon werden sie sie erkennen können.

Am wichtigsten ist allerdings, dass ihr die Explosion in euch spürt und dass ihr euch nicht etwa so sehr auf das Phänomen eurer persönlichen Evolution konzentriert, sondern auf euren Auftrag als Erwachende Gaias.

Es ist ziemlich schwierig zu begreifen, dass diese monumentale Transformation – die Entstehung zusätzlicher DNA-Stränge – in diesem Augenblick in unserer Spezies stattfindet.

Wie kann es zusätzliche DNA-Stränge geben, die die Wissenschaft noch nicht entdeckt hat?

Zu Beginn des 21. Jahrhunderts eurer Erdenzeit hat die Wissenschaft einen gewaltigen Sprung in der Dekodierung der menschlichen Gene vollzogen: Die Teams haben – wenn auch nur bruchstückhaft – die komplexen Codes genetischer Blaupausen aller Lebewesen auf eurem Planeten geknackt. Das bringt gewaltige Möglichkeiten mit sich, aber auch eine enorme Verantwortung.

Dieses Wissen wurde bereits missbraucht, und das hat schwerwiegende Konsequenzen für die menschliche Gattung und die Tiere und Pflanzen, die in dieser zentralen Phase eurer galaktischen Transformation die Erde zieren.

Von Zellen in der Petrischale bis hin zu wilden Hybriden in Laborkäfigen sind genetisch mutierte Bioformen entweder bereits Teil eurer Pflanzen- und Tierreiche, oder sie werden bald an die Öffentlichkeit gebracht. Diesen Aspekt von DNA-Reorganisation scheinen die Genetiker gut im Griff zu haben – wenn man das Wort »gut« in diesem Zusammenhang überhaupt verwenden möchte.

Zweifellos spürt ihr bereits, dass solche Experimente in Anbetracht des Bewusstseins, das dahintersteht, aus unserer Sicht wenig Gutes hervorbringen können.

Ironischerweise klammert sich das Establishment weiter an die simplifizierende und vollkommen unzutreffende Erklärung, die komplexe Humangenetik bestünde aus achtzig Prozent reinem »Junk«: achtzig Prozent Müll!

Wir möchten euch nahelegen, dass die menschlichen Wissenschaftler inzwischen mit Sicherheit wüssten, wie sie die verstreuten Bröckchen und Stückchen so zusammensetzen müssen, dass ein vollständiges Lichtkörperbewusstsein entsteht, wenn das Studium der menschlichen DNA zum Allgemeinwohl ebenso umfassend finanziert und verfolgt worden wäre wie die Spielereien mit Genmanipulationen zu kommerziellen und militärischen Zwecken.

Tja, aber leider ... ist euer Erwachen für die Hinterlassenschaft eurer Saat – ein vollständiges Lichtkörperbewusstsein – das Letzte, was sich die Machtelite wünscht. Sie versucht ja verzweifelt, Gaia hinunterzuziehen in die Düsternis der nibiruanischen Verdammung.

Sie verstehen eure multidimensionalen, außerirdischen Samen und Ursprünge nicht und erhalten auch nicht die finanziellen Mittel, um sie zu erforschen. Entsprechend tun sie die Vorstellung, dass dieser angebliche »Junk« im Menschen in Wahrheit viel mehr ist als nur Abfall, als schieren Irrsinn ab. Sie weigern sich, auch nur in Betracht zu ziehen, dass das verstreute Material in euch einem wunderbaren Zweck dient, der jetzt ans Licht kommt.

Ihr, die Erwachenden, begreift nun und erinnert euch, dass in euch zusätzliche zehn DNA-Stränge existieren – eure multidimensionalen, galaktischen Verbindungen. Sie schlafen und warten darauf, aktiviert zu werden.

Die Wissenschaft, auf die ihr euch bezieht, hat bisher die physische Manifestierung von zwanzig Prozent des DNA-Codes des *Homo sapiens* identifiziert und entschlüsselt – nämlich seine biochemische, elektromagnetische Zusammensetzung. Sie tappen aber sozusagen immer noch im Dunkeln, was die Bedeutung der nach wie vor unidentifizierten achtzig Prozent betrifft.

Seht ihr, mit was für einem unglaublichen Bluff die Menschheit getäuscht wurde? Die Wissenschaft beansprucht für sich die absolute Autorität über die Wahrheit, und dennoch kommt sie damit davon, die Annahme zu verbreiten, dass achtzig Prozent eures Bauplans »Junk« sind?

Da wir »Junk« gleichsetzen mit »Abfall«, etwas, das unnötig ist für das System, haben wir große Schwierigkeiten damit, zu verstehen, wie diese Annahme als Wahrheit akzeptiert werden konnte und warum die Menschen bereit waren, einen solchen Deckmantel aus Ignoranz bezüglich ihrer eigenen Existenz einfach so hinzunehmen.

Wir freuen uns zu sehen, dass ihr endlich begreift, wie viel mehr hinter der Geschichte der menschlichen Genetik steckt. Die »Zeit« der Selbstentdeckung eurer gesamten Gattung steht bevor. Ihr erlebt sie gsanz unmittelbar.

Während die Erde sich auf den Aufstieg vorbereitet und ihre elektromagnetischen Felder beschleunigt, beschleunigen sich alle Lebewesen in ihrem Einflussbereich ebenfalls, und diese intensiven Energiewellen lösen das Gitternetz auf, das dafür gesorgt hat, dass diese Stückchen bioelektrischer Daten sich seit der Entstehung eurer Spezies verstreut haben.

Diese enormen Wellen kosmischer Energie magnetisieren die DNA-Schnipsel und zersetzen sie so in ihre ätherischen Strukturen, damit sie zu den komplexen Webmustern multidimensionaler, heiliger Geometrien reorganisiert werden können, die eure Existenz im Lichtkörper definieren.

Ihr sagt, dass wir zum Zeitpunkt unseres Übergangs in die höhere Dimension ein vollständiges 12-strängiges Bewusstsein erreicht haben werden. Ist das nicht die Bewusstseinsebene des großen Meisters Jesus Christus? Und falls ja: Ist es nicht unvernünftig anzunehmen, dass wir von unserem aktuellen Zustand direkt ins Licht eines Aufgestiegenen Meisters springen?

Diese Frage ist voller Komplexität. Und genau deshalb ist sie so brillant. Wir wollen versuchen, unsere Antwort so einfach zu halten, dass sie innerhalb eures aktuellen Bezugsrahmens akzeptabel ist.

Meister des Universums, so wie der Getaufte, sind dazu in der Lage, Herzenslicht in einem so unvorstellbaren Schwingungsspektrum zu kommunizieren, dass sie gleichzeitig präsent und dazu in der Lage sind, an jedem Winkel des Raums, der Zeit und der unendlichen Weisheit des immerwährenden Lichts teilzuhaben.

Meister einer solchen Brillanz tragen die Intelligenzcodes der Lichtspirale selbst in sich. Sie *sind* die Spirale, auf der *wir* reisen – die Vorlage.

Die DNA-Verdrahtung eures biologischen Seins entwickelt sich weiter zu einer Licht-Leiterplatte, mit deren Hilfe ihr euer Bewusstsein ins Gossamer-Netz einklinkt, das Licht-Rasternetz des Kosmos. In nicht allzu ferner Zukunft – und dabei verstehen wir Zeit als eure Evolution zu einer höheren Schwingung – werdet ihr eure »Ich bin«-Präsenz nicht länger als getrennt von irgendeinem anderen Lichtwesen im multidimensionalen Universum betrachten.

Als 12-strängige Avatare werdet ihr das Mysterium hinter allem entschlüsselt haben und erkannt haben, dass es sich beim gesamten physischen Universum um nichts weiter als eine holografische Projektion unendlich stark und brillant vernetzter DNA-Lichtkodierungen handelt, die durch den Kosmos reisen.

Wenn es aber unsere Zukunft ist, als aufsteigende Lichtwesen zwölf DNA-Stränge zu erleben, warum haltet ihr es dann für so überaus wichtig, dass wir den Beschleunigungsprozess ausgerechnet jetzt in Angriff nehmen?

Da Gaia eine Feinabstimmung ihrer ätherischen und physischen Körper vornimmt, um sich auf den Übergang vorzubereiten, durchleben alle Lebewesen auf dem Planeten immer stärkere Energieverschiebungen in ihren Aurafeldern. In manchen Fällen manifestieren sich diese in Form von sehr starkem emotionalen Ungleichgewicht, physischem Unwohlsein und Überlebensängsten.

Indem ihr bewusst den Prozess einleitet, die schlummernden, losgelösten DNA-Lichtstränge zu aktivieren, richtet ihr euer Bewusstsein neu aus – und zwar auf die höhere Frequenz, mit der die Erde zunehmend mitschwingt. Ihr richtet eure Absicht darauf, dass es so sein soll. Dieses bewusste Bemühen und die absichtliche Konzentration auf dieses Ziel haben den enormen Effekt, jene Energieblockaden aufzulösen und die Harmonie und Freude wiederherzustellen, mit denen ihr in die Zukunft blicken werdet – ein Erbe, das sich schon bald als das »Hier und Jetzt« eurer Erfahrungswelt manifestieren wird.

Wir möchten noch einmal betonen, dass von all den starken und subtilen Beschleunigungen, die ihr im Augenblick erlebt, keine so wichtig für euren Prozess sein wird wie die Integrierung des dritten DNA-Strangs, der sich – einmal aktiviert – in den chemischen Strang der polarisierten Doppelhelix einwebt und dadurch eine Triangulation erzeugt: die kosmometrische Blaupause für die Assimilierung zusätzlicher Lichtcodes.

Ich habe große Schwierigkeiten damit, dieses DNA-Konzept und seine Beziehung zu unserer aktuellen elektromagnetischen Form und der Existenz dieser Form im multidimensionalen Universum vollständig zu verarbeiten.

Könnt ihr erklären, wie unsere aktuelle DNA-Formation und das morphische Feld miteinander interagieren?

Die Seele fokussiert ihre Absicht darauf, eine Vorlage zu bilden, einen Körper, ein physisches Vehikel, um in einem dreidimensionalen Kontext existieren zu können.

Sie möchte mit einem morphischen Feld mitschwingen, in dem sie ihren Wunsch manifestieren kann, den Dichtegrad der dritten Dimension zu erleben. Von dort aus baut sie die biochemische Vorlage aus dem kollektiven DNA-Abdruck für die jeweilige Spezies aus, angepasst an die Umgebung, in der sie gerne Form annehmen möchte.

Dann wollt ihr also sagen, dass die sich beschleunigende DNA eigentlich als physische Form manifestiert ist? Aber wenn das so ist, sollten wir dann nicht dazu in der Lage sein, sie in all jenen zu identifizieren, in denen sie bereits aktiviert ist?

DNA-Aktivierung, so wie wir sie verstehen, beinhaltet die Etablierung der passenden Harmonien in der elektromagnetischen menschlichen Form, wobei der ätherische Abdruck des entscheidenden dritten DNA-Strangs aus dem schlafenden Genmaterial rekonstruiert wird, das in euch darauf wartet, organisiert zu werden.* Die verstreuten Genmaterialschnipsel,

* Übrigens gibt es eine CD, die genau hier ansetzt. Michael Reimann hat mit Hilfe bestimmter Frequenzen wunderschöne Harmonien geschaffen, die helfen, den Schleier vor dem Dritten Auge zu lüften. Unterstützt werden die Klänge durch Meditationsanleitungen im Booklet von Jeanne Ruland. Hörproben von *DNA-Aktivierung* finden Sie auf www.AmraVerlag.de.

die eure Wissenschaftler als »Junk« bezeichnen, werden vom Lichtsammler, dem ätherischen Strang, magnetisch angezogen und nehmen schließlich Form an.

Diese Form wurde in Labors bereits beobachtet, und man wird euch auch bald darüber informieren.

Läuft es bei Tieren genauso ab wie bei Menschen, die ihr physisches Sein bewusst erschaffen? Und erleben auch sie eine Metamorphose ihrer DNA?

Absolut. Wie sonst sollten sie die intuitiven, intelligenten Wesen geworden sein, die sie sind? Seht in die Augen eures treuen Hundes, eurer neugierigen Katze. Seht ihr nicht die bewusste Seele, die euch daraus entgegenblickt? Beobachtet einmal Vögel dabei, wie sie sich organisieren. Ihre Gemeinschaften, die Eloquenz ihrer Lieder, ihre Sensibilität für die magnetischen Strömungen Gaias – ist ihr Bewusstsein nicht tief?

Der einzige deutliche Unterschied zwischen ihrem Prozess und dem der Menschheit besteht darin, dass sie anders als ihr nie darauf programmiert wurden, auf Erden das 12-strängige Bewusstsein Christi in sich zu tragen.

Was ist mit den Pflanzen?

Die Flora der Erde unterscheidet sich dahingehend, dass jede Gattung ein kollektives Bewusstsein hat. Alle Pflanzengemeinschaften eurer Welt erzeugen komplexe Energiegitternetze an Land und in den Gewässern Gaias. Sie sind die emotionalen Wächter von Mutter Erde. Sie sind weitaus emotionaler, als euch jemals bewusst gewesen ist. Sie existieren in eurer Welt, um Schönheit und verschiedenste Ebenen der Heilung und Nahrung in die Biosphäre zu bringen. Und die Massenzerstörung der Pflanzenfamilien und der gewaltigen Bäume in euren einst unberührten Wäldern, die vornehmlich durch Menschenhand geschieht, ist vor allem auf das emotionale Ungleichgewicht im Bewusstsein und in den psychischen Mustern der Menschen eures Planeten zurückzuführen.

Ihr habt noch viel zu lernen über die Beziehung zwischen der Flora Gaias und eurer eigenen inneren Ausgewogenheit. Die Veränderung der DNA im Rahmen genmodifizierender Lebensmittelexperimente manipuliert den emotionalen Zustand der Meere, der Wälder oder ihrer Überreste und der Täler Gaias. Tja, und dann haben auch die weltweite Zerstörung der Flora und die bewusste Mutation ihrer Molekularstruktur – durch DNA-Modifizierung – natürlich noch eine unmittelbare Wirkung auf Tiere, Menschen, Atmosphäre und die Energielinien des gesamten Planeten.

Ich habe über Dr. Emotos Arbeit über bewusstes Wasser und seine Studien der kristallinen Beschaffenheit von Wasser gelesen. Könnt ihr mehr darüber erzählen, welche Bedeutung Wasser für die Aktivierung unserer DNA hat?

Der Prozess der DNA-Aktivierung beinhaltet, dass die heilige Geometrie aus höheren Dimensionen in euren biologischen Strukturen auf Zellebene Form annimmt.

Euer Körper besteht vornehmlich aus Wasser, das als Kommunikationsnetzwerk allen Bewusstseins dient, indem es im Blut von Zelle zu Zelle fließt.

Wissenschaftler konnten euch die hexagonale Beschaffenheit der Wasserkristalle zeigen. Man hat euch außerdem gezeigt, welche Auswirkungen bewusstes Denken auf deren Form hat, indem man exquisite Wasserkristalle fotografieren konnte.

Aber mit der Aneignung neuer Codes durch die Sprache des Lichts prägen sich die hyperdimensionalen Blaupausen in das Wasser eures Seins ein. Diese Blaupausen erwecken und restrukturieren die verstreuten Lichtfäden, die in euch schlummern. Dies ist eine höhere Ordnungs- und Designform als die hexagonalen Wasserkristalle, die ihr auf vielen Fotos sehen könnt – es ist die heilige Geometrie eurer Evolution zu Lichtwesen.

Für euch ist es wichtig zu verstehen, dass die Licht-Kosmometrie, die in dieser Phase eurer persönlichen und planetaren Evolution in euer Sein fließt, eine Inschrift der höheren Schwingung in sich trägt, die in geometrische Codes übertragen und mithilfe eures zellularen Biowassers durch die Zellen eures Seins in eure DNA übertragen wird.

Wenn ihr anfangt, die Lichtcodes eurer sich beschleunigenden DNA zu aktivieren, werden die komplexen biochemischen Veränderungen, die in der Biosphäre eurer physischen Körper stattfinden, mithilfe des Zellwassers durch die Neurotransmitter kommuniziert und aktivieren auf diese Weise den Hypothalamus – und damit eure Zirbeldrüse.

Kapitel 4

Der Kontakt steht unmittelbar bevor

Die Räte vieler außerirdischer Nationen haben sich zusammengetan und nähern sich euch immer weiter – trotz der Grenzen, die im Bereich der Erde zunehmend verstärkt werden. Die Regierungen können schlichtweg nicht mehr verhindern, dass ihr in offenen Kontakt mit den Repräsentanten außerirdischer Zivilisationen tretet, ganz gleich, wie sehr sie ihre Verschleierungstaktiken auch verstärken mögen.

Der Kontakt steht unmittelbar bevor. Und ihr wisst, dass es so ist – ihr begreift, dass die Geheimregierung die Beweise nicht länger unterdrücken kann.

Ihr wisst, dass die Sichtungen überall auf der Welt immer häufiger werden und dass selbst die Mainstream-Medien das Unvermeidliche nicht länger vermeiden können – ganz gleich, wie sehr sie sich bemühen, euch entsprechend zu manipulieren.

Überall auf der Erde bemerken die Menschen zunehmend neue Lichter am Himmel – Lichter, die tanzen, Lichter, die sich bewegen, Lichter, die die unverrückbare Tatsache beleuchten, dass die Isolation der Menschheit zu einem ausgesprochen aufregenden Ende kommt.

Trotz der verzweifelten Bemühungen der Machtelite (und ja: verzweifelt ist sie!), all ihr Wissen über das außerirdische Leben zu verschleiern, das innerhalb und jenseits eures Erdenreichs existiert, lässt sich einfach nicht mehr verhindern, dass ihr diese verborgenen Gebiete entdeckt. Bald wird es zum Kontakt für die Völker des Planeten Erde kommen – noch zu euren Lebzeiten. Ihr alle werdet das erleben, ganz gleich, wie ihr zur Frage der menschlichen Evolution und den bevorstehenden Veränderungen auf der Erde steht.

Die Machtelite bombardiert das kollektive Unterbewusste derweil weiter mit angsteinflößenden Bildern von Alien-Archetypen, und sie wissen viel über die finsteren Gestalten nah und fern. Sie tun das, um eure Gedanken davon abzuhalten, in unerwünschten Bahnen zu laufen. Sie wollen nicht, dass ihr das Universum erkundet, fasziniert von dem gewaltigen Potenzial, das eure Mitgliedschaft in der Galaktischen Föderation der Welten mit sich bringt. Es ist ihnen viel lieber, eure lebendige Vorstellungskraft mit schrecklichen Bildern einer Alien-Invasion und von Entführungen zu blockieren, von fremden Wesen, die euch die Souveränität entreißen und über eure Körper und Seelen und euren Verstand herrschen wollen.

Schon ironisch, dass ausgerechnet sie die Aktivität von Aliens auf der Erde so betrachten, oder?

Zu sagen, dass ihr »in Zukunft« Kontakt mit außerirdischen Lebensformen haben werdet, ist deshalb etwas irreführend. Außerirdische Spezies sind bereits jetzt auf eurer Erde vertreten und mischen in euren Belangen mit.

Doch das, was wir als »unwiderlegbaren Kontaktbeweis« bezeichnen würden, wird sich an dem Punkt eures Übergangs ereignen, an dem ihr euch im »Zwischenbereich« befindet: Wenn ihr euch von der dritten Dimension löst und nur noch einen Atemzug weit entfernt seid von eurem Aufstieg durch Ras Astralkanal.

Diese Phase begann mit dem Ende des Jahres 2012. Zu dieser Zeit tratet ihr in die »Andockungsphase« ein – in die Zeit der letzten Ausrichtungen, ehe ihr den Aufstiegskanal passiert, so wie es durch die Einstimmung aller Himmelswesen direkt vor der großen Sinfonie Ras bestimmt wird.

Könnt ihr uns sagen, woher genau all die außerirdischen Spezies, die Kontakt zu unserer Erde aufnehmen werden, stammen und mit welchen Absichten sie zu uns kommen?

Die außerirdische Intelligenz, die den weltweiten, massiven Kontakt organisieren wird, der das menschliche Bewusstsein auf eine neue Stufe katapultiert, wird aus Repräsentanten der Galaktischen Föderation bestehen. Sie sind jetzt bereits auf der Erde und sorgen dafür, dass keine direkte Intervention von außenstehenden außerirdischen Mächten oder jenen, die schon auf der Erde leben, zugelassen wird. Sie verhindern, dass ein weltweites Armageddon auf eurem Planeten und im umliegenden Weltraum ausgelöst wird.

Sie werden als Modelle dienen, über die ihr die außerirdische Realität kennenlernt und auch lernt, euch auf sie einzustellen.* Sie stellen sicher, dass die universellen Gesetze der Nichteinmischung und friedvollen Koexistenz zwischen den Welten die Vision ist, mit der die aufsteigende Erde in die Mitschöpfung des vierdimensionalen Kollektivs geht.

Vergesst dabei auch nicht, dass sich die Menschheit inzwischen ebenfalls im All bewegt, denn eure Sonden und Schiffe

* Das Channelmedium Nancy Holten hat zur Musik von ONITANI mehrere Botschaften der Galaktischen Föderation an die Menschen durchgegeben, die ihr euch auf der CD *Verbindet euch mit uns* anhören könnt. Hörproben gibt es auf www.AmraVerlag.de.

reichen bereits weit ins Sonnensystem hinein, und dass ihr von euren Nachbarplaneten, mit denen ihr euch identifiziert und bereits kommuniziert, ebenfalls als Außerirdische wahrgenommen werdet.

Aber ist es nicht bereits eine Form der Einmischung, wenn ihr euch vor uns zeigt?

Wir verstehen unter Einmischung jeden Versuch, den direkten Weg eines souveränen Wesens, Staates oder Umfelds zu verändern oder zu stören, um damit die eigenen Ziele der sich einmischenden Kräfte zu erreichen.

In Anbetracht der komplexen Frage von Planeten wie eurem, die einen Punkt erreicht haben, an dem sie kurz vor der Selbstzerstörung stehen und dabei gegebenenfalls auch andere Himmelsbereiche zerstören könnten, sieht die Sache jedoch ein wenig anders aus.

Es wird zu einer Frage des Allgemeinwohls.

Die Erde wird von geheimen Kräften beherrscht, die Allianzen mit außerirdischen Spezies gebildet haben, die wiederum geheime Absichten für die Zukunft des Planeten und seiner fühlenden Spezies verfolgen. Es darf nicht zugelassen werden, dass das so weitergeht oder sogar noch stärker eskaliert.

Fügt zu dieser Situation den unmittelbar bevorstehenden Aufstieg eures Planeten und der größeren Familie von Himmelskörpern und Gemeinschaften hinzu, und ihr versteht vielleicht, warum es notwendig ist, euch mit dem interplanetaren Modell zivilisierter Welten und der Bruder- und Schwesternschaft bewusster Wesen im Universum bekannt zu machen.

Indem wir euch das Modell vorstellen, wollen wir euch dabei helfen, die Realität von eurem bewussten Gewahrsein aus zu erschaffen. Das ist nach unserer Definition eine Hilfestellung, keine Einmischung.

Was ist mit den Greys? Welche Rolle spielen sie im übergeordneten Plan der Außerirdischen für die menschliche Spezies?

Greys stammen weder aus dem physischen noch aus dem spirituellen Reich – sie sind eine Spezies, die gewissermaßen in einer Art Plasmavortex existiert, der irgendwo zwischen Leben und Tod, Existenz und Nichtexistenz, Hell und Dunkel existiert. Dies haben wir euch gegenüber als die »Grauzone« bezeichnet.

Während eurer vergangenen sechzig Erdenjahre ist es ihnen gelungen, sich in den Massenverstand des *Homo sapiens* zu projizieren – erst in Deltawellen-Traumzuständen, dann auch im Alpha-Wachzustand. Dadurch erreichen sie Resonanz mit euch, bis zu dem Punkt, an dem sie die notwendige Schwingung erreichen können, um sich für sehr kurze Zeiträume auf physischer Ebene zu materialisieren.

Im Wesentlichen lässt sich sagen, dass sie hin und wieder aus der Grauzone hinaus- und in eure Realität hineingezogen werden, weil sie auf resonanten Gedankenwellen reiten können, die ihr im kollektiven menschlichen Bewusstsein erzeugt habt.

In den meisten Fällen von Begegnungen zwischen Menschen und Greys ist der Verstand des jeweiligen Menschen in einem Zustand gedankenkontrollierter Lähmung festgefroren, während dem die Greys – die Experimentatoren – Spermien oder Samen sammeln, die sie später in ihren Labors verwenden.

Der Ablauf ist ganz ähnlich wie bei manchen Insektenarten, die ihre Beute mit einem lähmenden Gift ruhigstellen, ehe sie sie verschlingen.

Aber die Greys verfolgen dabei nicht die Absicht, ihre menschlichen Testobjekte zu verletzen oder zu töten. Es handelt sich vielmehr um eine klinische Praxis, in der ihr, die Objekte, als genetisch überlegene Tiergattung aus der Biosphäre Erde behandelt werdet. Diese genetische Überlegenheit ist der Grund dafür, dass sie menschliches DNA-Material und in zweiter Linie auch das von ausgewählten Tierarten sammeln und katalogisieren.

Es gibt schon geraume Zeit Versuche, eine Hybridform aus Menschen und Außerirdischen zu erschaffen. Sie sind auf der Suche nach Antworten, wie sie das Überleben ihrer eigenen gefährdeten Art sichern können. Das wiederholt sich immer und immer wieder. Wisst ihr, am Ende sind die treibenden Kräfte im Universum der Überlebens- und der Fortpflanzungstrieb.

Eure Wissenschaftler behandeln Tiere ebenso, und häufig sogar viel unmenschlicher als die Greys ihre menschlichen Versuchsobjekte. Wir fragen uns, warum die Menschen diese Art von Missbrauch so wenig verstörend finden und warum sie so gut wie nie Parallelen ziehen.

Jene unter euch, die die Gesetze des Karmas anerkennen, begreifen, dass euer Missbrauch an der Tierwelt und die Manipulation von Geninformationen den Missbrauch der Menschheit durch Außerirdische nahezu magnetisch anziehen.

Die Greys waren in den letzten sechzig Jahren eurer Erdzeit besonders aktiv und haben erfolgreich eine große Datenbank an menschlichen Gencodes sammeln und klassifizieren können.

Ihre Absicht besteht darin, ihre Evolution umzuformen, so dass sie zu einer Gattung von Hybriden aus Greys und Menschen werden, die biologischer Natur sind und sich entsprechend im dreidimensionalen Reich verankern können. Ihre Ziele sind also nicht viel anders gelagert als die eurer verrückten Wissenschaftler, die so fasziniert sind von der Vorstellung, einen Bioroboter zu erschaffen, der eines Tages keine physische Form mehr benötigen wird – nur eben genau umgekehrt!

Sicher entgeht euch nicht die Ironie hinter der Vorstellung, dass es außerirdische Gattungen gibt, die versuchen, ihre biologische Präsenz aus einer rein mentalen, halbätherischen Beschaffenheit zu rekonstruieren, während die Technomanen aus dem Menschenreich ein brennendes Verlangen danach haben, ihre menschliche Form abzustreifen und im Zuge des Transhumanismus in einem Computer zu leben ... um ihr Bewusstsein irgendwo in den Hyperspace zu übertragen!

Ob ihr den Zusammenhang zwischen der Illusion eurer Dimension und der Schöpfung eines künstlichen Raums – des Hyperraums – herstellen wollt, ist Thema einer ausgiebigen Debatte unter euch Menschen, denn ihr hinterfragt mehr und mehr die wahre Beschaffenheit der Existenz.

Ihr sagt also, dass der Kontakt und die Entführungen bisher diesem einen Zweck dienten: der Schöpfung einer Hybridrasse?

Wir sagen, dass die Entführungsberichte von Hunderttausenden von Individuen aus allen Populationen eures Planeten größtenteils mit Greys zusammenhingen und dass sie mit der Entführung von Menschen vornehmlich den Zweck verfolgten, menschliche Gene und menschliches Reproduktionsmaterial zu katalogisieren und einzulagern, damit es später zur Schöpfung einer neuen Spezies zum Einsatz kommen kann – ja.

Wir bitten euch aber, auch zu bedenken, dass viele der Entführungsszenarien, die von den Opfern beschrieben wurden, in Wahrheit auf das Konto eurer eigenen Regierungsangestellten gingen, die Menschen für ihre eigenen Zwecke entführen. Sie operieren unter dem Deckmantel von Aliens, weil es sich um eine ideale Tarnung handelt, welche die Opfer wie Betrüger oder Wahnsinnige dastehen lässt.*

---

* Wer sich näher mit diesen auch als »Graue« bezeichneten Aliens beschäftigen möchte, findet sehr viel grundlegendes und vor allem aktuelles Material mit Schwerpunkt Deutschland in Marcel Poltes Buch *Greys*. Den Nachweis einer Hybridisierung von Greys und Menschen leistet das Buch *Alien-Hybriden* von David M. Jacobs, das außerdem Aufklärung über die damit verbundene Agenda gibt. Es soll jedoch nicht verschwiegen werden, dass

Warum sollte die Geheimregierung einen derartigen Aufwand betreiben, um solche Entführungen vorzunehmen, gleichzeitig aber versuchen, die Existenz von Außerirdischen vor der Welt zu verbergen?

Wenn man von dem Grundsatz ausgeht, dass die Geheimregierung von außerirdischen Annunaki und ihren Hybrid-Nachkommen geführt wird, könnt ihr euch diese Frage eigentlich selbst beantworten.

Man belügt und täuscht euch mit der Absicht, euch so große Angst einzujagen, dass ihr blind gehorcht, während die Machtelite ein künstliches Szenario erschafft, laut dem ihr im Falle eines zukünftigen Kontakts mit Außerirdischen vollkommen ausgeliefert seid.

Das angstbasierte, kontrollierende Paradigma ist in euer Design eingeschrieben. Es manipuliert die Bevölkerung dahingehend zu glauben, dass nur sie, eure Anführer, euch vor den ultimativen »Terroristen« – eurem ewigen Gegner – retten können.

Euer wachsendes Bewusstsein, dass eben jene, die sich als eure Retter vor außerirdischen Invasoren darstellen, selbst Außerirdische sind, konfrontiert euch mit einer so wilden, fantastischen Geschichte, dass sie sich kaum einer vorstellen kann – geschweige denn, dass es jemand wagen würde, darüber zu reden.

Aber wir wissen, dass ihr es eigentlich besser wisst.

Wir wissen, dass ihr all das durchschaut.

Wenn ihr diese Botschaften lest, dann nur, weil ihr die visionäre Kraft besitzt, um all die Tarnungen zu durchschauen, die man euch vorsetzt. Unser Ziel ist es, so vielen von euch

---

es auch aufgestiegene, positive Greys gibt, die zum Beispiel Heiler dabei unterstützen, die Traumata bei Entführungsopfern zu beseitigen. Davon berichtet die Amerikanerin Eva Marquez in ihrem Buch *Seelenheilung*. Leseproben all dieser Bücher gibt es auf www.AmraVerlag.de.

wie möglich dabei zu helfen, hinter die Geheimnisse und Lügen zu blicken und neue Horizonte für die Seele der Menschheit zu entdecken.

Wir wollen euch dabei helfen, diesen Augenblick in all seiner Bandbreite anzunehmen und willkommen zu heißen statt ihn zu fürchten, und wir haben ein Channelmedium gefunden, das sich traut, all diese Wahrheiten laut auszusprechen.

Und sie wiederum hat euch gefunden – euch, die sich trauen zuzuhören.

Welche Auswirkungen wird ihre Ankunft – der Augenblick des Kontakts – auf die menschliche Gattung haben?

Fragt euch selbst, was es für die menschliche Gattung bedeuten wird, endlich den unzweifelhaften Beweis dafür zu haben, dass ihr Besuch von Außerirdischen erhaltet. Es wird deutlich machen, dass das Universum angefüllt ist mit intelligenten, kommunizierenden Zivilisationen, die in der ganzen Galaxis nach Leben forschen und in friedlicher Koexistenz auf dieser gemeinsamen Realitätsebene leben wollen.

Im Gegensatz zu dem, was eure Medienmaschinerie euch an albtraumhaften Alien-Karikaturen vorsetzt, hofft und träumt ihr von einer interplanetaren Gemeinschaft – dem Archetyp, den ihr aus *Star Trek* kennt. Stellt euch vor, wie eure Weltbevölkerung darauf reagieren würde, wenn ihr endlich von intelligenten, friedliebenden Wesen kontaktiert würdet, die nur aus dem Grund zu euch kommen, um euch in einer galaktischen Gemeinschaft willkommen zu heißen, in der interkultureller Austausch und Kommunikation zwischen den Welten Ziel und Realität sind.

Ihr wärt nicht länger geheimen Zielsetzungen, Zweifeln oder Verleugnungen ausgesetzt: Die Machtelite würde das Wissen nicht mehr exklusiv in Händen halten. Außerirdische Spezies, von denen euch viele verblüffend ähnlich sehen, werden zum vereinbarten Zeitpunkt *en masse* vor euch stehen.

Ihr könnt euch sicher sein, dass ihr durch und durch erstaunt sein werdet, wie stark das Gefühl sein wird, in den Spiegel zu blicken und darin euch selbst zu entdecken – euer zukünftiges Selbst womöglich.

Was wird es bedeuten zu wissen, dass all die belanglosen Kriege, die im Augenblick eure Welt zerstören, euch davon abgelenkt haben, daran zu glauben, dass Harmonie zwischen all den »verschiedenen« Völkern, Religionen und Ländern herrschen könnte – zwischen alldem, was euch trennt?

Der Krieg auf der Erde wird enden, mit all seiner Profitgier und sinnlosen Gewalt.

Was wird es für euch bedeuten, endlich befreit zu werden von dem verwaisten Leben in Isolation und euren rechtmäßigen Platz in der galaktischen Familie einzunehmen? An die Stelle von Hass werden Staunen und ein widerhallendes Gefühl der Gemeinschaft treten.

Welche Auswirkungen wird es auf die gesamte Menschheit haben, wenn ihr endlich die Wahrheit hinter der ewigen Frage nach dem Leben jenseits eurer winzig kleinen Station im Seelenkosmos erkennt?

Das ist eine Frage, die nur ihr und die anderen acht Milliarden Individuen auf eurem Planeten für sich selbst und die Gemeinschaft beantworten können ... Und finden werdet ihr sie, diese Antwort, in den Tagen vor eurem Übergang.

Wir glauben nicht nur, sondern wissen unumstößlich, dass die verhärtete Schale des Leugnens, die fast das gesamte menschliche Bewusstsein umschließt, aufbrechen wird. Und aus diesem undurchdringlichen Panzer aus Angst und Ignoranz wird endlich der galaktische *Homo sapiens* auferstehen.

Die Erkenntnis, dass das Universum angefüllt ist mit Zivilisationen, die zu großen Teilen nahezu exakte genetische und optische Repliken des Menschen sind, wird selbst schon ein Aufstieg von Seele und Geist sein.

Werden einzelne Menschen ausgewählt, um von diesen Zivilisationen zu lernen?

Ihr, die Erwachenden, unterrichtet euch selbst, wählt euch selbst aus, erinnert euch von selbst an euch und eure Missionen. Während des Beschleunigungsprozesses steht euch all das zur Verfügung, was ihr euch in euren sogenannten »vergangenen Leben« angeeignet habt, aber auch das, was ihr von eurem sogenannten »zukünftigen Selbst« erbittet.

Es stehen euch jetzt viele Systeme zur Verfügung, mit deren Hilfe ihr Heilung, spirituelle Erleuchtung und Aktivierung finden könnt. Ihr selbst seid es, die den Weg zu jenen Informationen und Methoden finden, die am meisten mit ihrem Seelenzweck und eurer Vision übereinstimmen.

Es gibt keinen Selektionsprozess – keine Elite, keine Auserwählten. Nichts von alldem.

Es gibt nur das reine, weiße Licht eures höheren Bewusstseins, eines Bewusstseins, das durch das Labyrinth schreitet, seinen Gängen und Abzweigungen folgt und sich vom Licht locken lässt in Richtung eines Auswegs aus der Illusion: hinaus aus der Dunkelheit und hinein ins Licht.

Kapitel 5

Veränderungen der Erde und unsere persönliche Evolution

Ein zeitgemäßes Verständnis persönlicher Evolution – eure beschleunigte Entwicklung hin zu vollbewussten Menschen des 21. Jahrhunderts – erfordert tiefgreifende Introspektion, Hingabe und die Integration der logischen und der intuitiven Hälfte des Verstands, außerdem die Beseitigung alter Programmierungen, das Loslassen blockierter Energieformen und eine neue Herangehensweise an ein Leben als Hüter des Himmelswesens, auf dem ihr lebt und das euch nährt. Dazu gehört auch das vollständige Erwachen des Herzens und das Zum-Schweigen-Bringen des vom Ego angetriebenen Anteils eures Selbst.

Dies sind die grundlegenden Prozesse, die darüber bestimmen, wir ihr an den Prozess der planetaren Transformation herangeht, während ihr euer persönliches Aufstiegserlebnis aus der Dichte der Materie definiert.

Je stärker der Aufstieg voranschreitet, desto beunruhigter seid ihr, dass es zu einer weltweiten Katastrophe kommen könnte – einem Armageddon. Durch die sinnlose Verbreitung von Nuklearwaffen, Giftmüll und euren rasenden Zorn ist dies zu einer Realität geworden, die durchaus wahrscheinlich ist. Tatsächlich haben Manifestierungen eines solchen Aufruhrs bereits in allen Ecken der Welt begonnen.

Viele fürchten womöglich, es sei bereits zu spät. Dass ihr auf das Unausweichliche zusteuert und euer Sturz nicht aufgehalten werden kann. Andere begreifen, dass ihr mit jedem Gedanken, jedem Wort, jeder Geste eure Realität erschafft ... und dass eure Reise problemlos verlaufen kann, wenn ihr euch auf die »richtigen Handlungen« konzentriert – mit klarem, fokussiertem Verstand, erfüllt von Staunen über euer eigenes Potenzial als neue Wassermänner und -frauen des Planeten Erde.

All dies ist gleichzeitig angsteinflößend und aufregend, weil ihr auf einer intuitiven Ebene wisst, dass ihr das schon einmal erlebt habt. Es ist offensichtlich, dass die Menschheit überlebt hat. Als reinkarnierte Wesen habt ihr ein ums andere Mal Tod und Wiedergeburt erlebt, auch wenn die meisten unter euch sich nicht bewusst daran erinnern können, wie sie das physische Reich betreten und wieder verlassen haben. Aber das ist etwas ganz anderes.

Jene unter euch, die sich entschieden haben, zu dieser Zeit auf der Erde geboren zu werden, erleben die Transformation des gesamten Planeten. Ihr seid mittendrin, klammert euch mit aller Kraft fest, es geht um Leben und Tod. Euer Glück und eure Sicherheit werden unablässig bedroht durch die Aussicht auf die totale Auslöschung.

Wie schon die Menschen des späten Atlantis scheint ihr euch direkt am Abgrund zu befinden und wartet nur darauf, in die Tiefe zu stürzen. Euer Lebenskonzept und eure Vorstellung davon, welche Aufgabe ihr als Menschen habt, verändern sich. Eure Zerbrechlichkeit und Unbeständigkeit sind euch ständig bewusst. Euer Zuhause – die Erde unter euren Füßen – ist in »eindeutiger und unmittelbarer« Gefahr.

Es ist eine schwierige Zeit voller Herausforderungen, und deshalb solltet ihr nicht vergessen, dass ihr euch frei entschieden habt, hier zu sein, egal ob eure persönlichen Umstände euch etwas anderes zu sagen scheinen. Auf eurem aktuellen Bewusstseinslevel mag es euch zwar unverständlich erscheinen, aber ihr wisst alles über die planetare Evolution … die Transformation der Formen und biologischen Systeme. Die Menschheit hat all das schon einmal erlebt, als die große, vorsintflutliche Zivilisation von Atlantis einen Zustand solcher Disharmonie erreichte, dass sie die Energienetzwerke des Planeten kurzschloss und aus vielen Ecken der Welt alles Leben getilgt wurde.

Die Machtstruktur jener Zeit, die allmächtigen Kräfte der dunklen Priesterschaft von Atlán, glaubte in ihrer blinden Arroganz, selbst die Mächte Gaias besitzen und wie ein Lasttier für sich einspannen zu können. Sie überschritten eine Grenze, und durch die Große Flut wurde buchstäblich alles davongespült. Gaia wusch ihren Körper rein von der starken negativen Schwingung und brachte sich wieder ins Gleichgewicht, um erneuert und revitalisiert noch einmal von vorn anfangen zu können.

Und da seid ihr nun und bringt erneut die Göttin von ihrem Kurs ab, bringt alles aus dem Gleichgewicht, so sehr treibt ihr die der dreidimensionalen Realität zugrundeliegende Dualität auf die Spitze. Von eurem beschränkten Blickwinkel aus scheint die Natur der Existenz auf dem Kampf zwischen Gut und Böse zu beruhen, und selbst jetzt, während ihr in eine positive Zukunft trudelt, seid ihr in jedem kritischen Augenblick, in jedem Moment eures Lebens noch mit diesem Dualismus konfrontiert. Vielleicht habt ihr euch bereits der Vorstellung verschrieben, dass keine Hoffnung für die Menschheit besteht. Dass ihr einen Punkt erreicht habt, an dem es keinen Weg zurück mehr gibt. Aber das ist eine gefährliche, selbstzerstörerische Überzeugung. Sie nährt die Dunkelheit, ermächtigt jene, die immer noch glauben, dass sie euch besitzen, weiter Gewalt über euch auszuüben. Sie verstärkt die Finsternis und katapultiert euch nur umso tiefer in eure Verzweiflung. Sie raubt euch das Licht … die Kraft … die Freude.

Ihr lebt in einer Welt, in der es sowohl extrem düstere Charaktere wie auch wunderbar liebevolle, spirituelle Wesen gibt. Aber die Wahrheit lautet, dass sich der Großteil der Menschheit irgendwo in der Mitte befindet. Jeder von euch kennt das Strahlen eurer Persona ebenso wie ihren Schatten, und eben das ist die Dualität – die Beschaffenheit des Lebens, wie ihr als Menschen es kennenlernt.

Im Laufe der Geschichte gab es Augenblicke von unfassbarer Strahlkraft und undurchdringlicher Finsternis – zwei Extreme, die häufig im gleichen Augenblick existieren und als Pole der einen Energie denselben Raum einnehmen. Diese Pole prallen aufeinander, befinden sich im Konflikt, und dennoch sind sie nur Reflektionen des einen Ganzen.

Als Schüler verborgener Weisheit lernt ihr, dass ihr diese polaren Aspekte integrieren müsst: das Gute und das Böse, hell und dunkel, Liebe und Hass. Solange ihr die Gegensätzlichkeit dieser Kräfte befeuert, wird auf jeder Ebene Krieg herrschen.

Ihr seid im Augenblick mehr denn je umgeben von Kampf und Großbränden, und die Menschheit wirkt verloren inmitten all der sinnlosen Gewalt und Verzweiflung.

Es ist eine Zeit extremer Verhaltensweisen, in der diese Aspekte noch einmal in einen absoluten Konflikt geraten sind. Menschliches Leid, die Respektlosigkeit vor Leben und Schönheit und der Missbrauch durch jene, die schnell Macht über andere erlangen wollen, sind zur vorherrschenden Erfahrung eurer aktuellen Zivilisation geworden und stellen euch vor die Frage, wie weit es die menschliche Gattung auf ihrem Weg der sozialen Evolution denn eigentlich gebracht hat.

Ihr erlebt an diesem Punkt der Geschichte wieder dieselben Unterströmungen, dieselbe Energiemanipulation und denselben Machtmissbrauch, welche die letzten Generationen von Atlantis kennzeichneten ... einer Zivilisation, die in vieler Hinsicht eine erheblich höhere Ebene technischer Versiertheit erreicht hatte, als ihr es bisher habt. Es handelte sich um eine Gesellschaft, die sich der direkten Hilfestellung durch multidimensionale Wesen erfreute, die mit der Priesterschaft gearbeitet und geübt haben, wobei es sich bei der Priesterschaft selbst um Abkömmlinge anderer Reiche handelte. Ihre erweiterten Fähigkeiten und ihr tiefes Verständnis der Universalgesetze und Elementarkräfte qualifizierte sie als Hüter der Aufzeichnungen.

Diese Geschenke außerirdischen Wissens sollten das Bewusstsein eurer Vorfahren anheben und ihnen ein Gefühl für die Rolle geben, die sie im großen Ganzen spielen. Paradoxerweise nutzten die Priesterinnen der ersten Generationen die Weisheit eine Zeitlang für das Licht, doch spätere Generationen der Priesterschaft mussten mitansehen, wie ein Teil der Bruderschaft – angestachelt durch die Annunaki – zur dunklen Seite wechselte und all das angeeignete Wissen – die Geschenke – gegen das Volk richtete. Es ist nicht zu übersehen, dass diese Zeit der Dunkelheit und des himmelschreienden Missbrauchs der Weisheit nun erneut gekommen ist.

Wir, die Sprecher des Hohen Rates vom Sirius, bestätigen, dass viele der raffinierten Technologien, die durch diesen Austausch entstanden sind, in dieser Zeit wieder gegen die Menschheit und gegen Gaia eingesetzt werden. In ihrer allesverzehrenden Gier nach Macht haben sich die dunklen Priester von Atlán zusammen mit anderen annunakischer Abstammung jetzt reinkarniert. Wir versichern euch, dass ihre Gier danach, eure Energie, eure Macht und Ressourcen zu verschlingen, unbändiger ist als je zuvor. Ist es möglich, dass ihr den Fall von Atlantis erneut durchleben müsst?

Es ist eine vernichtende Allianz – die Allianz der dunklen Macht. Und dennoch ist überall um euch herum Licht. Ihr braucht nur eure Intention, euren Gruppenverstand darauf auszurichten, diese ignoranten Täter zu erkennen und zu entwaffnen. Denn vergesst nicht: Ganz gleich, mit welcher Entschlossenheit andere euch eure Kraft rauben wollen – Dunkelheit kann sich nur von Dunkelheit nähren, und wir erinnern euch daran, dass Dunkelheit nichts anderes ist als eure Angst, Ignoranz und Wut. Wenn ihr euch an die strukturelle Beschaffenheit des dunklen Pols erinnert, wird es euch leichter fallen, die gerade stattfindenden Veränderungen der Erde ohne Leid und Schmerz zu durchleben. Die Entscheidung liegt ganz bei euch – so wie es stets der Fall war.

Im Grunde ist die Entscheidung bereits gefallen, dass die Manipulation der Energie und der Machtmissbrauch, die in eurem Reich stattfinden, nicht mit derselben Zerstörungswelle endet, die schon einmal fast das gesamte Leben vom Antlitz der Erde getilgt hat. Ihr braucht in keiner Weise unter der anstehenden Transformation zu leiden und könnt stattdessen voller Vorfreude den Prozess der Wiedergeburt eures Planeten erwarten und die Intention eurer Seele ehren, an diesem großartigen Erlebnis teilzuhaben.

Vielen Dank für diese stärkenden Worte. Wie ihr wisst, bin ich Meeresforscherin und habe einen Großteil meines Lebens damit verbracht, das Leben in den Ozeanen zu erforschen. Deshalb war ich sehr fasziniert von euren Lehren über die kristalline Beschaffenheit von Wasser.

Könnt ihr uns mehr darüber erzählen, insbesondere darüber, wie wir die Gewässer der Erde heilen können?

Wir spüren deine tiefe und zunehmende Besorgnis über die Lebewesen der Meere und alles, was reine, kristalline Erhabenheit in den Gewässern der Erde ist. Diese Emotionswellen durchdringen uns, und wir empfinden Mitgefühl mit dir und allen Erdhütern. Und dennoch möchten wir euch daran erinnern, dass alle Ökosysteme der Erde Spiegelbilder oder Manifestierungen des übergeordneten Wesens sind – des mentalen, physischen, emotionalen und spirituellen Körpers Gaias. Wir bitten euch, stets das holistische Konzept im Hinterkopf zu behalten, wenn ihr ihren emotionalen Körper – die Gewässer – in einem in irgendeiner Form »separaten« Kontext untersucht.

Ihr sollt wissen, dass ihr das Ungleichgewicht, das aus dem Element Wasser auf eure Gattung zurückgespiegelt wird, erst auflösen könnt, wenn ihr bereit seid, auch in Betracht zu ziehen, wie Erde, Luft, Feuer und Gewässer in den Dynamiken der Resonanz Gaias zusammenspielen. Verliert nie die Tatsache aus dem Blick, dass alles miteinander zusammenhängt.

Als Wächterin über die lebendigen Bibliotheken der Ozeane weißt du um die Bedeutung von Gaias Gewässern und wie ihre Schwingungsessenz den Aspekt des Lebens bestimmt, der dort gedeiht. Tief in dir spiegelt deine Liebe zum Wasser deine emotionale Wertschätzung gegenüber dem Planetenwesen wider – deine eifrige Sensibilität für den Ausdruck von Freude, Wut, Frieden und Disharmonie der Göttin.

Die Gewässer konstituieren den emotionalen Körper Gaias. Wenn sie geheilt und wieder ins Gleichgewicht gebracht werden sollen, dann muss das auf einer emotionalen Ebene geschehen, durch eure Liebe und euren Respekt, durch euer Bewusstsein als Spezies. Große Massen von euch müssen auf dieses Ziel hinarbeiten – mit der Absicht, Gaias Leib von dem emotionalen Schutt zu reinigen.

Dies hat bisher nicht stattgefunden. Die Gewässer wurden als Müllhalde missbraucht. Am Ende landet alles im Wasser, jedes bisschen ... jede Welle.

Alles wird hinaus »aufs offene Meer« gespült.

Es ist der Spielplatz derer, die sich vom Wesentlichen ablenken lassen. Die Gräuelstätte gnadenloser Jäger. Das offene Meer hat die Strahlung, die Giftstoffe und eine große Menge Östrogen – eine Folge vieler eurer Müllprodukte – absorbiert, was das Gleichgewicht für alles Leben darin durcheinandergebracht hat.

Wir glauben, dass ihr den rasanten Anstieg des Östrogengehaltes im Wasser untersuchen müsst. Er beeinflusst die Reproduktion des Menschen und anderer Lebensformen, die einst im Meer gediehen. Das hängt eng zusammen mit den Informationen, die ihr im Augenblick benötigt.

Wir haben von den Delfinwesen gesprochen, davon, wie sie die Frequenzen der Ozeane weben. Während sie von eurem Planeten verschwinden, werden die Ozeane chaotischer, zerstörerischer. Die großen Wale begehen an ihrer Seite friedlich Massenselbstmord, weil sie nicht mehr dazu in der Lage sind, mit dem emotionalen Körper Gaias mitzuschwingen. Sie machen den Weg frei für ihr eigenes Aussterben, da sie wissen, dass sie euch nicht länger dienen können. Die meisten Menschen haben einfach nie verstanden, dass sie hier waren, um euch etwas zu geben.*

Seid euch dessen bewusst, dass das Wasser, der große Leiter elektromagnetischer Frequenzen, auf dieser Ebene ebenfalls verändert wurde. Seine Vibration wird durch die elektromagnetischen Interferenzen, die derzeit alle Bereiche der Erde durchdringen, stark beeinflusst. Selbst die unterirdischen Quellen, einst heilig und rein, werden durch die Toxine eures menschlichen Abfalls verschmutzt. Ihr könnt euch nicht länger darauf verlassen, dass der »Urquell« euch Reinheit und wohltuende Energien schenkt.

---

* In diesem Zusammenhang möchten wir noch einmal auf das Buch *Bevor wir euch verlassen* hinweisen, in dem Patricia faszinierende Botschaften der Wale und Delfine channelt. Leseproben auf www.AmraVerlag.de.

Was man dagegen tun könne, fragt ihr uns?

Ihr sollt wissen, dass eure Bemühungen zu ungebündelt sind. Die menschliche Stimme ist zu schwach. Provisorische Maßnahmen, Klärwerke, Reinigungsmethoden sind viel zu begrenzt und zu fokussiert auf den materiellen Bereich, um wahre Bedeutung zu haben.

Um die Gewässer Gaias zu heilen, müsst ihr nun eure Kräfte bündeln und auf ätherischen Ebenen zusammenarbeiten, auf denen sich die fokussierte Intention aller Lichtarbeitergruppen zu einem gemeinsamen Ziel vereint: der Wiederherstellung harmonischer Obertöne der Meeresmusik in dynamischer Synthese mit den Elementen Feuer, Luft und Erde.

Das ist der Schlüssel.

Die Vibration der Erde, die Seelenmusik Gaias, muss von dem elektromagnetischen Puls aus Zerstörung, Wut und gewaltgeprägter Denkweise gereinigt werden.

Ihr könnt die aufgestiegenen Delfinwesen und großen Wale um Hilfe anrufen, wenn ihr offen dafür seid, ihre Antworten auf telepathischer, empathischer Ebene zu empfangen. Sie werden kommen. Sie können euch auf vielen Ebenen erreichen.

Verbreitet deshalb die Kunde, die Musik, das Licht und euer Wissen durch Schriften und die ausgewählten Werke anderer, so wie ihr auch eure eigenen Visionen verbreitet – denn das ist eure Mission. Sorgt dafür, dass euer emotionales Erleben dieses äußerst wichtigen Themas euch immerfort durchfließen kann. Lasst zu, dass jeglicher Ausdruck Form annimmt, während er euch durchfließt. Vertraut darauf, dass man euch auf allen erdenklichen Ebenen unterstützt und beratschlagt.

Viele Experten behaupten, dass die Veränderungen, die sich im Augenblick ereignen, auch früher schon aufgetreten sind und die Erde all das ja offensichtlich überlebt hat. Bitte helft uns zu verstehen, inwiefern sich die aktuelle Krise von den globalen

Veränderungen in der Vergangenheit unterschiedet und welches Ergebnis wir diesmal zu erwarten haben.

Wir stimmen zu, dass die geophysischen Kräfte auf eurem Planeten zyklischer Natur sind. Ihr seid eine technologisch voranschreitende Gesellschaft, die dazu in der Lage ist, Aufzeichnungen über die Erde anzulegen, zu lesen und zu analysieren. Diese betreffen geophysische, atmosphärische und klimatische Veränderungen, und ihr verfügt inzwischen über das nötige Wissen, um ähnlich geartete Perioden in der tumultreichen Evolution des Planeten Erde erkennen zu können.

Was euren Geophysikern bei ihrer Einschätzung der globalen Veränderungen entgeht, ist die Tatsache, dass sie die emotionale Beschaffenheit von Gaias Ausdruck widerspiegeln ... denn sie sehen sie nicht als lebendiges, bewusstes Wesen, und so stellen sie auch keinen Zusammenhang zwischen den Ereignissen und einem Bewusstsein her. Das ist der wesentliche Knackpunkt eures Dilemmas. Und sie verstehen auch nicht das wechselseitige Miteinander der Himmelswesen ... die wahre Beziehung zwischen eurer Sonne Ra und der Erde ... das multidimensionale Gewahrsein, das sie beide in sich tragen, und wie sie als Himmelswesen im Multiversum existieren.

Um deine Frage zu beantworten: Ja, vieles von dem, was sich im Augenblick ereignet, geschah schon einmal in der geologischen Periode, die ihr als »Holozän« kennt. Dieser Referenzrahmen bezieht sich in etwa auf die letzten zehntausend Radiokarbonjahre, obwohl wir es gern präziser als das Zeitalter nach dem Untergang von Atlantis bezeichnen würden. Während dieses »Zeitraums« hat euer Planet extreme Veränderungen durchlebt, und das Element, das davon am stärksten betroffen war, ist das Wasser.

Wasser ist die Emotion – der emotionale Körper – Gaias.

Zu Beginn des Holozäns manifestierte Gaia ihren Zorn und emotionalen Aufruhr durch den Zusammenbruch der Eiskappen, was dazu führte, dass enorme Mengen Gletscherwasser in die Ozeane floss. Riesige Eisberge trieben in wärmere Meeresbereiche ab. Die Meeresströmungen veränderten sich, und mit ihnen die Vielzahl an Lebensformen, die dort die Schwingung hielten: die großen Wale, die Delfinwesen und alle anderen Meeresgeschöpfe.

Diese gewaltige Verschiebung führte zu einem katastrophalen Anstieg des Meeresspiegels, der wiederum die klimatischen Muster des Planeten dramatisch veränderte. Alle atmosphärischen Rhythmen wurden umgekehrt, und eure Welt wurde in mehr als nur metaphorischem Sinn auf den Kopf gestellt.

Das geschieht im Augenblick erneut.

Die Eiskappen auf der Erde destabilisieren sich und werden schon bald vollständig zusammenbrechen. Arktis und Antarktis zerbrechen und drücken riesige, treibende Gletschermassen in die Ozeane hinaus. Die Fließmuster der Energieströme in den Meeren verändern sich. Gewaltige Abgründe öffnen sich am Meeresgrund, Vulkanexplosionen ereignen sich an jedem Nervenzentrum des Planeten gleichzeitig.

Flüsse ändern ihren Lauf – im Amazonasgebiet wird das mehr als deutlich.

Der große Unterschied zwischen diesem Zeitalter und jenem nach dem Niedergang von Atlantis besteht darin, dass sich euer Planet diesmal darauf vorbereitet, die physische Ebene zu verlassen, in der sie aktuell, wenn auch disharmonisch, noch die Schwingung hält. Das ist der ultimative Kontrast zwischen der aktuellen Dürreperiode des Planeten Erde und den katastrophalen Epochen, die vor euch kamen.

Ihr bereitet euch auf den Abflug vor. Und auch ihn werdet ihr überleben.

Es wirkt so, als wären all unsere Probleme ursprünglich durch das Fehlverhalten der Atlanter entstanden. Was lief nur so schief mit dieser Zivilisation, dass sie ein derart verheerendes Ausmaß an Zerstörung schaffen konnte?

Im Verlauf der vielen Jahrtausende, die der dritte Zyklus umfasste, verschob sich die Welt der Atlanter unkontrollierbar weit weg von den spirituellen Zielen, die die ersten Generationen noch verfolgt hatten.

Die Annunaki griffen während der letzten Tage von Atlantis ohne jedes Fingerspitzengefühl ein, und ihr Einfluss stimulierte – verstärkt durch die elektromagnetische Stimulierung der niederen Chakren und Technologien zur Gedankenkontrolle – das Egobewusstsein und spaltete die spirituelle Führungsriege. So kam es, dass die Bevölkerung Materielles verehrte und die gesamte Gesellschaft in eine ideologische Spaltung getrieben wurde. Man veränderte die Werte und die Wahrnehmung des Volks von Atlantis, indem man auf ihre niedersten Überlebensinstinkte baute, Krieg und Konflikte auslöste und Opferriten einführte.

Diese finsteren Akte aufgezwungener Unterwerfung beinhalteten den gewaltsamen öffentlichen Tod für jene, die das Pech hatten, zum Ziel der dunklen Priesterschaft zu werden, die unter den hypnotischen Befehlen ihrer Annunaki-Herren handelte. Indem menschliches Blut in ihre kommunalen Tempelanlagen floss, wurde den Atlantern – ihrem kollektiven Willen – die Lebenskraft entzogen, und jene heiligen Stätten wurden unter dem Gewicht menschlicher Verzweiflung erdrückt.

Die Lichtarbeiter der späteren Generationen mussten feststellen, dass sie die Intention dieser geistlosen dunklen Krieger, die so fokussiert und manipulativ vorgingen, dass die gesamte Kultur nahezu unbemerkt abglitt in die dunklen Abgründe ihrer geheimen Herrschaft, nicht neutralisieren konnten.

Mit der Zeit schwang das Pendel so vollständig auf die Seite der Schatten, dass die einzige Möglichkeit für die Erde – und die menschliche Gattung – darin bestand, alles zu Fall zu bringen und noch einmal von vorn anzufangen.

Dies war die Zeit der letzten Generation, der Gipfelpunkt des dritten Zyklus von Atlantis, zu dem alles in Winterschlaf verfiel: um sich auszuruhen und zu reinigen, dort, in den tiefen Gewässern eurer Kollektiverfahrung.

Wenn ihr die zyklische Beschaffenheit allen Lebens in den materiellen Reichen versteht, begreift ihr auch, dass es sich bei solchen Ereignissen um einen natürlichen Prozess handelt und dies Teil der irdischen Unsterblichkeit ist.

Die Vorstellung, dass sich alle Energien letzten Endes auf das Zentrum zubewegen, in dem sich die Raserei der Oppositionen in die stille Ruhe des Gleichgewichts verwandelt, hat etwas Tröstliches an sich. Alle Dinge erreichen ihren Gipfel, stürzen herab und kommen am Meridian wieder zusammen.

So ist das Design des Lebens.

So ist seine zyklische Beschaffenheit.

Nun frage ich mich, ob wir aus diesem gewaltigen Irrtum gelernt haben oder inzwischen nicht vielmehr sogar noch weiter davon entfernt sind zu begreifen, was wir erschaffen. Eure Lehren stellen mich vor die Frage, ob wir unsere Lektion gelernt haben. In Anbetracht des Zustands unserer Welt scheint es nicht so.

Unterschätzt nicht die evolutionären Schritte, die eure Spezies getan hat, trotz all des Chaos, das in eurem Reich zu herrschen scheint.

Die Fähigkeit der Atlanter, sich auf die Schwingungsfrequenzen der Himmelsgottheiten einzustimmen, und ihr angeborenes Verständnis für die Energien Gaias wurden von Generation zu Generation weitergegeben – auf der ganzen Welt, denn der Einfluss dieser Zivilisation veränderte das Bewusstsein der gesamten Menschheit.

Ihr Wissen, das die Hüter der Aufzeichnungen als »Geheime Weisheit« aufbewahrten, wurde von den Weisen großer Zivilisationen und Stammesgemeinschaften gleichermaßen weitergetragen, überall dort, wo die Wahrheit der indigenen Völker nicht durch die Übermächtigen zerstört wurde und auch nicht dem Materialismus und der zersetzenden Wirkung menschlicher Werte ausgesetzt war.

Ihr, die neuen Wassermänner und -frauen, wisst die Natur der Himmelswesen zu schätzen. Euer angeborenes Verständnis des galaktischen Bewusstseins erwacht wieder. Ihr bringt Gleichgewicht, Hoffnung und die Vision eines neuen Paradigmas mit euch und verhelft gleichzeitig den Lektionen der Vergangenheit zu neuem Leben.

Freut euch über das, was ihr erreicht habt, denn es ist bedeutsam und weitweichend. Und denkt daran, dass die Akte der Verzweiflung, die in euren Weltgesellschaften stattfinden, das Gros der Geschöpfe letztlich an den Punkt drängen, an dem sie ihre unbewusste Gehorsamshaltung aufheben und Verantwortung für die neue Welt übernehmen.

Spielt ihr hier darauf an, dass uns eine Verschiebung der Pole bevorsteht, wie sie von den großen Mystikern der Vergangenheit prophezeit wurde?

Die Achse eures Planeten hat bereits begonnen, sich zu verschieben, und wird weiter abgleiten, während eure gesamte Welt revolutioniert wird. Diese Verschiebung wurde auf enorme Erdbeben zurückgeführt, die in Teilen eurer Welt stattgefunden haben, aber die Wahrheit ist viel komplexer.

Die Magnetfelder eurer Sonne verschieben sich und verursachen dabei dramatische Energieverlagerungen im Inneren Gaias, wodurch die elektromagnetischen Fließlinien in den tiefsten Tiefen ihre Orientierung ändern.

Auch das ist Teil des Aufstiegsprozesses eures Planeten, und selbst wenn es euch angsteinflößend erscheinen mag – es handelt sich um einen natürlichen Teil eurer Reise: Es ist, als würde ein ungeborenes Kind seine Position ändern, um sich auf seinen Weg durch den Geburtskanal vorzubereiten.

Ihr seid also auch der Meinung, dass die Erde anfängt, ihre Pole umzukehren. Allerdings wissen wir nicht genau, was das für uns bedeutet. Könnt ihr uns genauer erklären, was geschieht und warum das auf unserem Planeten ein solches Chaos anrichtet?

Wir haben bereits verstanden, dass die Zerstörung und der Ressourcenmissbrauch durch den Menschen eine primäre Rolle für die zunehmende Disharmonie spielen. Aber ich wüsste gern, was ihr als Zuschauer von eurer galaktischen Perspektive aus seht.

Die Situation ist voller Komplexität und von verschiedenen Ebenen der Dualität geprägt, die sehr repräsentativ sind für die enormen evolutionären Sprünge, die euer Planet und die anderen in eurer Sonnenfamilie an diesem Punkt tätigen.

Ja, das menschliche Verhalten hat das Aussterben zahlloser Lebensformen auf eurem Planeten stark beschleunigt, und es hat außerdem die Lebensqualität an den meisten Orten an der Oberfläche stark reduziert. Dennoch hat es am anderen Ende des Spektrums auch zahlreichen neuen Spezies Leben geschenkt, welche in den neuen elektromagnetischen, chemischen und biologischen Umgebungen gedeihen, die durch dieses Ungleichgewicht entstanden sind.

Das ist der Weg des Lebens im ganzen Kosmos: Leben stirbt, Leben wird neugeboren.

Aus galaktischer Perspektive erkennen wir, dass sich eure Sonne Ra auf den Aufstieg aus der physischen Manifestierung in der dichten dreidimensionalen Realität vorbereitet und sich Ras beschleunigende elektromagnetische Felder im Zuge dessen irgendwann vollständig umkehren werden. Diese Umkehr, die gewaltigen Protonenstürme, die das mit sich bringt, und die gewaltigen Auswirkungen dieser solaren Schauer markieren das Ende der Schwingung des männlich-dominanten, angstbasierten Bewusstseins, das euch immer noch trennt, und die Erneuerung der nährenden Yin-Schwingungen, die euch durch die Veränderungen führen.

Dieser Prozess wird die elektromagnetischen Flusslinien auf der gesamten Erde stark verändern, vom Mineralreich bis zu den Pflanzen, Tieren und Menschen, deren elektromagnetische Systeme ebenfalls bemerkenswerte Energieschübe erleben. Deshalb ist es so wichtig, dass ihr die Krankheitsherde beseitigt, die nach wie vor eure Systeme blockieren. Ihr werdet in der Lage sein müssen, euch von diesen Energien durchfließen zu lassen. Ihr müsst blockadefreie Kanäle sein.

Die Veränderungen im Sonnenmagnetismus lösen auch starke Schübe bei den Hormonausschüttungen aus, die die Zirbeldrüse aktivieren. Das ist ein Hinweis auf euren persönlichen Aufstiegsprozess.

Ja, es finden große Veränderungen statt, ganz außer Frage. Landstriche werden veröden, andere überflutet werden. Es wird Zerstörung geben und Erneuerung. Es wird Panik geben, genauso wie Akzeptanz. Alles hängt davon ab, dass ihr die Veränderungen als Evolution begreift und euch bewusst seid, dass sich alles in der Lichtspirale nach oben bewegt.

Könnt ihr uns in einfachen Worten erklären, welches die bedeutsamste und dringlichste Manifestierung des Klimawandels auf unserem Planeten sein wird und wie wir am besten damit umgehen können?

Es gibt nicht den einen einzigen Aspekt der Verschiebung, der für alles Leben auf der Erde von Bedeutung ist. Euer Planet ist ein bunter Teppich aus verschiedenen Ökosystemen. Aber wir können euch sagen, dass die größte Zerstörungskraft von zwei polaren Ereignissen ausgehen wird. Auf der einen Seite werden Überflutungen eure Küstenregionen heimsuchen und die Topografie der Kontinente abändern – so wie sie die dichtbevölkerten Gebiete auf Meereshöhe und in Zwanzig-Kilometer-Reichweite von Flüssen überfluten werden. Auf der anderen Seite wird eine langsame Ausbreitung der Wüsten großen Menschen-, Tier- und Pflanzenpopulationen die Nahrungsgrundlage entziehen.

Das ist ein Ausdruck der extremen Dualität, in der ihr euch wiederfindet, und die Effekte sind bereits auf dem gesamten Planeten spürbar.

Wie sollt ihr damit umgehen?

Tragt mit euren Herzen, eurem Verstand, euren Händen und Seelen zu Gaias Heilung bei. Verankert in euch das Wissen, dass der Glaube daran, dass eure Welt ein besserer Ort sein kann, sie zu einem solchen machen wird.

Seid wachsam, aber nicht ängstlich. Seid voller Liebe, nicht voller Zorn. Und vertraut darauf, dass Gaia weiß, was sie tut. Auch wenn es nicht so scheinen mag.

Würdet ihr das tun?

Was sind Gravitationswellen, und welchen Einfluss haben sie auf die Veränderungen der Erde?

Gravitationswellen sind Strömungen im Bewusstseinsgewebe, auf denen sich das Raum-Zeit-Konstrukt bildet.

Sie wehen durch den Kosmos wie galaktische Winde, bilden Verkrümmungen in dem Konstrukt und verändern die Dynamik der Himmelsharmonien wie Seewasser, das sich kräuselt. Sie sind aber weder für die Veränderungen verantwortlich, noch beeinträchtigen sie die Rotation eurer Sonne.

Kapitel 6

Agartha – die Innere Welt

Wir wollen euch nun von wundersamen Möglichkeiten erzählen, von einem utopischen Land aus Schönheit und Licht – einem Land, das in der aktuellen physischen Realität der Erde existiert, auch wenn kaum ein Mensch davon weiß.

In den Tiefen Gaias gibt es eine Zivilisation hochentwickelter Wesen – Nachkommen der ersten Siedler von Atlantis, die in den Untergrund gingen. Geschützt vor allen geophysikalischen Unruhen, die Millionen Jahre lang eure Oberflächenwelt geplagt haben, überlebten diese Atlanter nicht nur die letzte große Eiszeit, sondern erschufen auch eine wunderbare Welt im Leib von Mutter Erde. Ein Land der Yin-Schwingung.

Ein Land, das sich *Agartha* nennt.

Die Vorstellung einer großen Zivilisation unter der Erde ist nicht nur irgendeine skurrile Hypothese. Die Welt von Agartha und ihr kulturelles Zentrum Shambhala sind gelehrten Buddhisten und tibetischen Lamas wohlbekannt, und es gibt viele Mystiker und Visionäre, die dieses Land bereits »gesehen« und im Lichtkörper bereist haben.

Die Glücklichen und Auserwählten unter euren spirituellen Führern besuchen es sogar regelmäßig in physischer Gestalt. Sie besitzen ein breites Wissen über die hochentwickelte Welt der Innenerde, da sie häufig nach Shambhala reisen, wo sie Rat und Führung von den Priestern der Weißen Bruderschaft erhalten, die dieses Reich regiert. Ihr dort erlangtes Wissen nehmen sie mit an die Oberfläche. Die Weisen vieler Zeitalter haben die Weisheit und Brillanz der idyllischen Zivilisation, die dort unten gedeiht, mit sich genommen, so dass sich dieses Wissen in euer Kollektivbewusstsein einfügen konnte, wo es jetzt darauf wartet, Anerkennung zu finden.

Während der gesamten Existenz der Erde haben verschiedene Zivilisationen mit diesen atlantischen Superwesen interagiert, denn es gibt an zahlreichen Stellen der Erde noch immer Tunnelöffnungen, und an Kardinalpunkten in der »Oberflächenzeit« kam es auch zu Besuchen durch die Agarther. Spirit-Führer dieses Landes haben in entscheidenden Zeiten der Erdgeschichte Gesellschaften wie die Lemurer, Tibeter, Maya, die alten Ägypter, die Druiden und Etrusker aufgesucht und ihnen ihre Weisheit gebracht, um den Seelen beim Transit durch die Außenwelt und ihrem Dienst an Gaias Wohl zu helfen.

Von ihnen allen hatten nur die Tibeter, bei denen es sich größtenteils um reinkarnierte Seelen der Atlanter des zweiten Zyklus und um direkte Nachfahren der Atlanter des dritten Zyklus handelt, offenen Kontakt mit den Agarthern, und zwar bis Mitte eures letzten Jahrhunderts, als der Bodhisattva Dalai Lama gezwungen wurde, für immer aus diesem heiligen Land zu fliehen. Das tibetische Portal im spirituellen Vortex von Lhasa wurde bei seinem Aufbruch versiegelt und durch eines ersetzt, das sich von Indien aus durch die Basis des Berges Kailash erstreckt. Von hier aus treten bestimmte tibetische Führer – jene, die auserwählt wurden, als Boten zu dienen – immer noch Reisen nach Shambhala an.

In früheren Durchgaben habt ihr bereits über die fortgeschrittene Zivilisation Agarthas mit mir gesprochen – über die Innenerde. Dabei erklärtet ihr mir, der erste Zyklus von Atlantern sei nach einer weltweiten Eiszeit in die Erde migriert und habe dort die ersten agarthischen Kolonien aufgebaut. Aber wären sie nicht wieder an die Oberfläche zurückgekehrt, sobald der Planet wieder auftaute? Das bleibt mir nach wie vor ein Rätsel.

Mit dem Rückgang der Eisschichten sind einige agarthische Forschergruppen tatsächlich an die Erdoberfläche zurückgekehrt. Sie waren Fremde in einer Welt, die ihre Vorfahren hatten verlassen müssen. Es war eine natürliche Folge der menschlichen Neugier: das Bedürfnis, nicht nur das zu suchen, was noch nicht gefunden wurde, sondern auch das, was in gewisser Weise »verlorenging«, und der unbewusste Wunsch, Kontakt zu eurer galaktischen Menschheitsfamilie aufzunehmen und zu den Sternen zurückzukehren.

Viele sirianische Seelen entschlossen sich, zu jener Zeit auf der Erde Gestalt anzunehmen, um der menschlichen Gattung bei ihrer Wiedergeburt behilflich zu sein und euch bei der Reaktivierung eurer direkten Verbindung zur Lichtfamilie zu helfen. Die Yzhnüni, Sternensaat unserer Heimat, von der wir in jenem Material erzählen, waren die Ersten, die sich in den frühen Tagen der Rückkehr des Menschen materialisierten.*

Trotz des aufgezeichneten Wissens der Agarther über die Biorhythmen der Erde erforderte ihre Fähigkeit, die Sterne und Himmelswesen, ihr Erleben von Tag und Nacht, den Mondzyklus, die Jahreszeiten und die Sonne zu verstehen, ein überwältigendes Maß an Bewusstsein und Sinneswahrnehmung. Mit

* Die Sirianer beziehen sich hier auf den mittleren Band der frühen Sirius-Trilogie, *Atlantis Rising*. Bei Neue Erde liegen *Kosmos der Seele* und *Keine Lügen, keine Geheimnisse mehr* vor. Der fehlende Band wird unter dem Titel *Atlantis steigt auf* demnächst bei AMRA erscheinen.

der Zeit passten sie sich an und mutierten im physischen Körper, so dass sie im grellen Licht und den harten Bedingungen des Hochlands von Atlantis leben konnten – dem Ort, an dem sie aufgetaucht waren.

Dies erreichten sie in verschiedenen Etappen: Erst zogen sie sich während der Zeiten mit der stärksten Sonneneinstrahlung, den schwersten Wettererscheinungen und vor Phänomen, die durch geophysikalischen Stress erzeugt wurden, in den Schutz von Höhlen zurück. Später errichteten sie Granitfestungen, die als Tempel und Wohngebäude für die Gemeinschaft dienten. In ihnen verbrachten sie die meisten Sonnenstunden ... bis sie stark genug waren, um den Naturkräften ihrer neuen Umgebung gewachsen zu sein.

Die erste Welle von Kundschaftern aus Agharta erschien um 27.500 v. Chr. Mit der Zeit kamen weitere, angelockt von den Geschichten über die neue Welt, und es folgten noch mehr – Migrationswellen, die sich über fünfhundert Jahre erstreckten. Sie waren Pioniere – Gründer des neuen Atlantis, das etwa tausend Jahre, nachdem ihre Vorfahren den Kontinent verlassen und Schutz im Leib von Mutter Erde gesucht hatten, wieder zum Leben erwachte.

Der dritte Zyklus von Atlantis hatte begonnen.

Es war ein Goldenes Zeitalter, eine Phase der Feier und Wiedergeburt. Unbeeindruckt von den Herausforderungen, auf die sie an der Oberflächenwelt stießen, zeigten sich diese Neu-Atlanter als mutige Abenteurer, physisch überlegene Geschöpfe, die zum Vorbild für die archetypischen Helden späterer Generationen wurden. Es war eine gewaltige Aufgabe, eine ganze Zivilisation wiederaufzubauen, aber sie waren eifrig und entschlossen, denn sie wussten, dass es sich um ihre karmische Wiederkehr handelte.

Darüber hinaus brachte ihr Auftauchen aus dem Leib von Mutter Erde die Stimulierung der Yang-Schwingung erst zur vollen Entfaltung, was Frauen wie Männer gleichermaßen in ihrem entschlossenen Streben anspornte – durch und durch kühne Abenteurer, die gekommen waren, um die Oberflächenwelt zurückzuerobern.

Die endlosen Flüsse, die majestätischen Berge, die Sonne und Sterne waren von so unendlicher Schönheit und Kraft, dass die Menschen schon bald ikonische Gottheiten aus allen Naturgewalten machten. Sie etablierten komplizierte Anbetungsrituale, und schließlich entstanden Götterhierarchien, die ihr spirituelles Leben beherrschten – wohingegen ihre Vorfahren, die Agharter, die Erlangung von innerem Gleichgewicht und die Auflösung von Polaritäten sowohl auf der individuellen als auch auf der übergeordneten Ebene angestrebt hatten.

Dennoch ... aus einer Welt zu kommen, in der es weder Jahreszeiten noch klimatische Veränderungen oder gar einen Mond und Sterne gab, bedeutete für die Neuankömmlinge, dass sie an der Oberfläche verständlicherweise zunächst tief beeindruckt waren von all der Herrlichkeit.

Sie verneigten sich vor diesen Äußerungen der Schönheit Gaias und der höheren kosmischen Mächte.

Die neue Zivilisation entwickelte sich rasant weiter, denn dies war eine Zeit der Expansion und des Wiederaufbaus. Das Leben in dem neuen Habitat, das tausend Jahre lang wie erstarrt geschlummert hatte, erwachte zu einem neuen gaianischen Frühling, und wie ihre Vorfahren entdeckten die Neu-Atlanter die endlose Bandbreite von Flora und Fauna, die es in ihrem eigenen Land so nie gegeben hatte. Es gab Raubtiere, die auf der Suche nach Nahrung das Land durchstreiften, und andere, die im Wasser lebten. Unter der Oberfläche, wo kein Wesen je ein anderes zerstört, galt dies als kurioser Aspekt der neuen Realität, mit der sie es zu tun hatten.

Dennoch waren die ersten Atlanter, die aus den Höhlen hervorkamen, wild entschlossen, die neuen Widrigkeiten zu überleben und sich zu behaupten. Ihre innere Haltung und ihre weit geöffneten Herzzentren bildeten die Grundlage für die neue Gesellschaft, und diese liebevollen Energien blieben noch Jahrtausende lang das Kennzeichen der atlantischen Kultur.

Sie beteten Himmelskörper an, die das Himmelslicht reflektierten, außerdem die Elementarwesen, das Lied, das der Wind flüsterte. Die Schönheit der Außenwelt war unbeschreiblich – und jede Herausforderung wert, mit der die Umgebung, die sie noch verstehen lernen mussten, sie konfrontierte.

Es gab Fluten, heftige Stürme, Phänomene, die ihnen vollkommen unbekannt waren, an die einige Mythen, die aus den Geschichten ihrer Ahnen gesponnen worden waren, aber noch entfernt erinnerten. Es gab die Tiere, denen sie zum Opfer fielen. Tatsächlich war die Welt, die wiederzuentdecken und wiederaufzubauen sie gekommen waren, im Gegensatz zu der Ruhe und Harmonie Aghartas hart und unbeugsam, gleichermaßen aber auch erfüllt vom Lachen und Licht der Götter.

Die durchschnittliche Lebenserwartung, die einst mehrere Jahrhunderte der linearen Zeit umfasst hatte, sank um Hunderte Jahre, und die Generationen, die den ersten Pionieren folgten, sahen sich mit einem vollkommen neuen Konzept von Tod und Sterblichkeit konfrontiert. In dieser seltsamen neuen Welt begannen die ersten Pioniere schon bald, an ihre eigene Verletzlichkeit zu glauben und die Götter um Gnade anzuflehen. All das waren Emotionen und Verhaltensweisen, die sie in der sicheren Innenwelt niemals kennengelernt hatten. In Zeiten großen Aufruhrs durch die Naturkräfte lernten sie schließlich, sich wie Opfer zu fühlen – unwürdig. Und so kam es, dass sie ihre eigene Ohnmacht erschufen.

So geschah es, dass sich zum ersten Mal die Angst in den Menschen der neuen Welt manifestierte. Viele beschlossen, sich wieder in die Wärme und Schönheit der Innenwelt zurückzuziehen, wo das Licht ewig ist und Spirit regiert.

Ich wüsste gern, was dort unten im Augenblick geschieht und wie das Verhältnis zwischen den Agarthern und uns an der Oberfläche derzeit aussieht. Wird es vor dem Übergang einen wechselseitigen Austausch geben? Werden sie sich unter uns mischen?

Bei der Welt von Agharta handelt es sich um eine hochentwickelte Gesellschaft technisch fortschrittlicher, spirituell sehr bewusster Wesen, die in Frieden und Freude im goldenen Licht der Innenerde leben.

Genau wie bei euch steht auch für diese Menschen im Zentrum, ihren Nachwuchs großzuziehen, die Lebewesen zu ernähren, die ihre Welt mit ihnen teilen, auf dem Weg spiritueller Erleuchtung zu reisen und ihrem Leben Bedeutung und Erfüllung zu verleihen.

Die Agarther bereiten sich darauf vor, Gesandte der Erleuchteten unter euch zu empfangen, ehe ihr in die vierte Dimension wechselt. Das ist bereits im Gange, wie einigen unter euch sehr wohl bewusst ist. Eine gewisse telepathische Kommunikation findet statt, da spezielle »Radiowellen« durch die Oberfläche dringen, die einige eurer Channelmedien an euch übermitteln können … so wie es unser Werkzeug für die Kommunikation mit der Erde hier in festgelegten Zeitabständen tut.

Es gibt auf eurem Planeten echte geistige Führer, die im Land Shambhala ein- und ausgehen und die Weisheit und die Codes der Innenerde zu euch bringen – die »Wam« genannte Schwingung der Seele Gaias.

Es ist sehr schwer zu glauben, dass eine komplette unterirdische Zivilisation existieren soll, völlig ohne Sonnenlicht. Ich kann mir einfach nicht vorstellen, wie diese ganze Spezies von unterirdischen Geschöpfen im Dunkel der Innenwelt gefangen sein und gleichzeitig als »erleuchtete Menschenspezies« gelten kann. Vielleicht bin ich einfach zu skeptisch.

Vielleicht hat dich deine Skepsis davon abgehalten, Möglichkeiten in Betracht zu ziehen, die deiner Überzeugung nach nicht existieren können – und das ist ein unüberwindliches Hindernis für den Forschergeist und die Neugier, die euren Verstand auszeichnen.

Was du für unvorstellbar hältst, beruht, wie du vielleicht schon bald herausfinden wirst, auf einer Fehlannahme: auf deiner Überzeugung, dass der Leib der Erde mit Dunkelheit gefüllt ist. Aber in Wahrheit ist dort alles erfüllt von Licht!

Lass uns einmal genauer betrachten, was ihr wirklich über das Zentrum eurer Welt wisst.

Mithilfe all der technologischen Fortschritte eurer aktuellen Zivilisation ist es den Menschen möglich, im Weltall in dauerhaft installierten Stationen zu überleben. Ihr habt unterirdische Städte und Transportsysteme in all euren urbanen Zentren errichtet, habt Bunker und Überlebenssysteme gebaut, die der nuklearen Auslöschung trotzen können und als langfristiger Unterschlupf für eure politische und finanzielle Elite gedacht sind. Ihr könnt unter Wasser leben, auf dem Mond herumlaufen und Sonden in die entferntesten Winkel eures Sonnensystems schicken.

Und dennoch erscheint es dir »unvorstellbar«, dass die Zivilisation der Atlanter, die technologisch fortschrittlichste Gattung der Menschen, die jemals auf Erden wandelte, einen Weg ins Zentrum der Erde finden und ihr Wissen und ihre Erfahrungen nutzen könnte, um dort ein neues Atlantis zu erschaffen – eine wiedergeborene Welt?

Wir aber sagen euch: So ist es. Genauso, wie die Weisen der Erde es seit Anbeginn der Zeit andeuten. In den Tiefen der Innenerde befindet sich das florierende spirituelle Zentrum Gaias, das angefüllt ist mit Licht, Nahrungsquellen, kristallinem bewussten Wasser und der natürlichen Schönheit unberührter Wälder, Seen und Meere sowie urbanen Gemeinschaften, die sich selbst versorgen können.

Überall ist Liebe zu Gaia im Überfluss vorhanden.

Alle Lebewesen – die Menschen (denn Menschen sind sie), die Tiere, die Bäume und anderen Pflanzen – leben in Harmonie miteinander und begreifen die Wichtigkeit einer friedvollen Koexistenz aller Spezies. Die reiche Welt der Mineralien bietet unbeschreibliche Energiequellen für Städte und Gemeinden der erleuchteten Atlanter.

Alle haben gelernt, ihr Gefühl des Getrenntseins zu transzendieren und die Begrenzungen des Egos und die illusorischen Grenzen von Zeit und Raum zu überwinden.

Vielleicht hast du ja bereits erkannt, dass sich eure Gesellschaften an der Oberfläche schon viel zu lang auf die oberflächlichen Aspekte des Lebens konzentrieren. Sie, die Bewohner der Innenerde, sind tief in sich selbst abgetaucht, um die Einheit der kosmischen Seele zu finden.

Was die Frage ihres Austauschs mit den Wesen an der Oberfläche betrifft: Ihr sollt wissen, dass die heimlichen spirituellen Führer unter euch sowohl physisch als auch auf der Astralebene in die heiligen Mauern Shambhalas vordringen und Rat für die menschliche Gattung auf der Oberfläche einholen können.

Für den wahren Suchenden Spirits ist die Straße nach Agharta universell: Loslösung von jedem Besitz, Respekt vor jeglichem Leben, Stille in die stete Gedankenmühle einkehren lassen, die Öffnung des Einen Herzens. Aber nur jene, die gerufen werden, sind dazu in der Lage, diese heiligen Pforten zu durchschreiten … nur die wahren Meister.

Was ist mit der Theorie der hohlen Erde? Wie passt sie zu der Vorstellung, dass eine solche Zivilisation nahe dem Erdkern wirklich existieren könnte?

Eure Erde ist nicht vom Nord- bis zum Südpol ausgehöhlt, wie es einige eurer neueren Schriften nahelegen. Das ist nichts weiter als eine holografische Projektion, die als Schutzschild für all jene dient, die ein Interesse daran haben, uneingeladen auf den heiligen Boden von Agartha zu gelangen.

Wenn ihr damit aber meint, dass es sich nicht um eine massive Kugel handelt – mit dem Dichtegrad von Erz oder Fels – dann ja: So ist es. Wenn ihr erst einmal die äußeren Durchgänge durchschritten habt, werdet ihr rasch feststellen, dass die Innenwelt Gaias eine goldene Schüssel aus Licht ist, das in einem exquisiten Rhythmus mit allen Himmelskörpern pulsiert und zur Musik der Liebe widerhallt.

Ist es wahr, dass im Untergrund Außerirdische leben? Und sind auch sie Bewohner Aghartas?

Außerirdische Spezies finden sich in den oberen Ebenen unter der Erdoberfläche, wo eure Regierungseliten den Weg für ihre Anlagen gebahnt haben: für Festungen, Waffensilos, interkontinentale Schnellzüge, Labors, Lager und Militärbasen.

Ihr dürft »unterirdisch« nicht mit der Innenwelt Gaias und ihren natürlichen Höhlen und Gängen verwechseln.

Wie wir zuvor bereits erklärt haben, verrichten dort auf den unterirdischen Ebenen Außerirdische ihre Arbeit, ebenso wie sie sich auch in den Tiefen eurer Ozeane Lebenswelten erschaffen haben, wo sie vor aller Augen verborgen bleiben – bis auf die der Myriaden Meeresbewohner, die sich mit den großen Walen und Delfinwesen die Wasserwege teilen.

Ihr seid gerade erst im Begriff zu erfahren, dass Gefährte außerirdischen Ursprungs in ihre unterirdischen und Unterwasserbasen einfliegen und sie verlassen.

Aber dort, in der tiefen Innenwelt Aghartas, gibt es keine außerirdischen Spezies, da sie gar nicht bis dorthin vordringen können. Nur der hochentwickelte intraterrestrische *Homo sapiens* bevölkert die geschützte Welt: atlantische Siedler aus der

Zeit des Niedergangs des zweiten Zyklus der Zivilisation von Atlantis durch die Eiszeit vor rund 35.000 Jahren.

Es wird angenommen, dass es komplexe Tunnel gibt, die von verschiedenen Punkten in Nord- und Südamerika, Europa und vor allem Tibet aus nach Agharta führen. Könnt ihr das bestätigen?

Tunnel, die nach Agartha führen, finden sich in jeder Landmasse eures Planeten. Ein besonders wichtiger Eingang befindet sich am Nordpol, wie euer Admiral Byrd erfahren durfte, der die Innenwelt erreichte und dort lebte, um nach seiner Rückkehr von den Wundern zu berichten, denen er begegnet war.*

Von den entlegensten Gipfeln des Himalayas bis zu dichtbevölkerten urbanen Zentren existieren überall Portale, aus denen die Agarther hin und wieder hervorkommen … in die aber nur selten Menschen eintreten dürfen.

Diese Durchgänge werden von einer Energiequelle geschützt, die sich eine als »Bewusstseinslicht-Erzeugern« bekannte Gruppe von Atlantern nutzbar zu machen wusste. Diese Bewusstseinslicht-Erzeuger waren in der Lage, die bewussten Gedanken und den konzentrierten Willen des Kollektivs zu bündeln, um mit dessen Hilfe etwas zu erzeugen und zu speichern, das wir als »Umweltmagnetismus« bezeichnen.

Diese Energie verändert die Schwingung von Materie an den inneren Portalen so weit, dass jeder, der sich uneingeladen Zutritt verschaffen will, in einen Zustand der Verwirrung und Orientierungslosigkeit geraten und womöglich sogar den Tod finden würde – vorausgesetzt natürlich, die entsprechende

* Informationen über diese Zusammenhänge findet man vor allem in den Büchern des Investigativjournalisten Michael E. Salla. Von Byrd ist zum Beispiel ausführlich die Rede in *Geheime Weltraumprogramme & Außerirdische Allianzen*. Leseproben auf www.AmraVerlag.de.

Person wäre überhaupt raffiniert genug, um einen der Tunneleingänge zu finden.*

Diese Kraft wurde von euren Mystikern als »Vril-Kraft« identifiziert.** Sie entsteht durch die Nutzung des Kollektivbewusstseins weniger oder vieler, um das materielle Reich zu verändern. So wurde sie auch in Atlantis eingesetzt, um die notwendige Energie für die Versorgung ganzer Städte zu erzeugen.

Die Tunneleingänge Aghartas können durch pure Willenskraft der Anführer geöffnet und geschlossen werden, je nach den energetischen Schwingungen der Oberflächenstandorte und im Angesicht von Bedrohungen für die Innenwelt.

Dies ist derzeit der Fall beim Portal von Tibet, wo die exquisite Energie der Spirit-Führer nahezu vollständig von den Aggressoren ausgelöscht wurde, die die Kraft des Friedens unterbrochen und die Harmonien zerstört haben, die einst durch die Berggipfel des Himalayas hallten.

---

* In diesem Zusammenhang dürfen wir auf das russische Kultbuch *Das Dritte Auge und der Ursprung der Menschheit* hinwiesen, in dem der Autor Ernst Muldashev die Wirkung eines solchen Portals auf jeden, der ungebeten eine auf diese Weise abgeschirmte Höhle im Himalaya betreten will, genau beschreibt. Leseproben auf www.AmraVerlag.de.

** Das Wort »Vril« ist vermutlich mit dem lateinischen Wort *virilis* (»mannhaft«, »kraftvoll«) verwandt. Es bezeichnet eine geheimnisvolle, dem Universum zugrunde liegende Lebensenergie, die fälschlich oft nur mit der »Vril-Gesellschaft« in Verbindung gebracht wird, einer deutschen Organisation, die durch Beherrschung dieser Energie um 1930 herum über gewaltige Macht verfügt haben soll. Der Zusammenhang von Vril mit Atlantis geht vor allem auf William Scott-Elliots *The Story of Atlantis* von 1896 zurück (1925 zusammengeführt mit *The Lost Lemuria* von 1904; dt. beide in *Lemuria und Atlantis*) und auf einen seiner prominenten Leser, den Theosophen Rudolf Steiner (1861-1925). Er verweist auch auf den Roman *The Coming Race* (nachgedruckt als *Vril – The Power of the Coming Race*; dt. unter mehreren Titeln) von Edward Bulwer-Lytton (1803-1873), in dem der Autor zwei Jahre vor seinem Tod darstellt, wie die Zukunft der Menschheit von jenen, die die Vril-Kraft am besten verstehen und zu gebrauchen wissen, gestaltet wird. – *Der Verlag*

Wollt ihr damit sagen, dass sich Agarther unter uns befinden?

Wir wollen damit sagen, dass an bestimmten Punkten auf eurer Welt, besonders an den Orten, die ihr als Indien, Tibet, Mongolei, Anden und die eher nördlich gelegenen Hemisphären kennt, agarthische Kundschafter durch die Tunnel gekommen sind, um Informationen über die Außenwelt zu sammeln – und dass in wichtigen Phasen eurer Entwicklungsgeschichte Agharther mit Wesen aus ausgewählten Gesellschaften interagiert haben, darunter Ägyptern, Tibetern, Druiden, Maya und nativen Völkern vieler Kontinente.

Sie hinterließen ihren Abdruck in den Mythen und Legenden dieser Völker, und überall um euch herum könnt ihr Anspielungen auf sie entdecken, in den Steinschnitzereien und mündlichen Überlieferungen, die bei den Hütern der Aufzeichnungen bleiben.

Aber wir wollen nicht etwa behaupten, dass sie auf den Straßen eurer modernen Städte herumlaufen, verkleidet als Menschen von heute.

Abgesehen von ihrer auffälligen physischen Form, wegen der sie zwischen euch fraglos auffallen würden, wären sie eurer aktuellen Umweltverschmutzung, den Bakterien und Viren, mit denen ihr euren öffentlichen Raum und eure Atemluft teilt, überhaupt nicht gewachsen.

Sie sind stark telepathisch und haben den negativen Schwingungen des aktuellen Massenbewusstseins der Bewohner der Außenerde nichts entgegenzusetzen.

Dürfen wir erfahren, wie diese Menschen aussehen?

Sie sind von extrem heller Hautfarbe, wie eure nordischen Völker, sehr groß und schlank, etwa doppelt so groß wie ein Oberflächenmensch von heute, und haben ausgeprägte Instinkte. Ihr

Sinnesapparat ist weitaus funktionsfähiger als eurer. Ihre Augen sind im Vergleich zu euren riesig und spiegeln die Farben aus dem Spektrum Blau-Violett bis Magenta wider.

Diese Menschen erfreuen sich einer extrem langen Lebenserwartung von mehreren hundert Jahren und haben eine robuste Gesundheit, was sich in ihrem jugendlichen Erscheinungsbild und ihren glühenden Energiefeldern ausdrückt.

Gibt es ein physisches und ein nicht-physisches Agartha? Da so viele Leute diesen Ort auf Astralebene erleben, habe ich mir diese Frage schon oft gestellt.

Der Ruf ertönt hinaus in den Äther. Diejenigen unter euch, die eingeladen werden, hören die Glocken läuten und betreten die Astralebenen von Agartha, um die Lehren in Empfang zu nehmen, die sie an eure Gemeinschaften weitergeben sollen.

Für einige dieser Reisenden handelt es sich dabei um einen bewussten Prozess. Bei anderen ist der bewusste Verstand nicht beteiligt. Dennoch versuchen sie, die Erfahrung aus ihrem Unterbewusstsein zu generieren und in ihre Spirit-Arbeit einzubringen.

Ihr sollt wissen, dass alles, was in der physischen Welt manifestiert ist, auch in die Astralwelt projiziert wird – darunter natürlich euer Sein selbst: euer »Ich bin«-Gewahrsein.

Wenn ihr euch in euren Träumen, Astralreisen oder anderen meditativen und veränderten Zuständen im Land Shambhala wiederfindet, kann es gut passieren, dass ihr euch eines Tages in verkörperter Form dort wiederfinden werdet.

Viele von euch bereiten sich teils bewusst, teils unbewusst, darauf vor, indem sie Reisen an die heiligen Stätten Gaias unternehmen. Ihr empfangt die Codes und enthüllt die Geheimnisse, die nach Agharta führen.

Besteht nicht die Gefahr, dass die Machtelite durch all die Bohrungen im Untergrund und die technologischen Entwicklungen eines Tages den Weg auf diesen heiligen Boden findet?

Das wird nicht geschehen. Wenn man nicht willkommen ist, lässt sich weder absichtlich noch unabsichtlich ein Zugang finden. Alle Versuche der Geheimregierung, sich Zutritt zu verschaffen, wurden abgeschmettert, und wir versichern euch, dass es keine Welt gibt, die besser geschützt wäre vor Invasionen oder gewaltsamem Zugriff.

Nur die Spirit-Meister der Oberflächenwelt können ihren Weg durch das Labyrinth und ins innere Heiligtum finden. Sie allein sind rein genug, um die Außenwelt in die heiligen Durchgänge zu bringen und sie in den »Vril«-Wellen reinigen und an den Pforten Agarthas heilen zu lassen.

Welche Rolle spielt Agartha bei Gaias Aufstieg? Werden die Oberflächenwelt und die Innenwelten verschmelzen?

Kosmische Strahlen durchdringen die Außenkruste der Erde ebenso wie eure Körper. Deshalb findet auch dort eine natürliche Transformation der Lebensenergien statt. Aber während die große Mehrheit der Außenweltbewohner gegen Gaia arbeitet, arbeiten die Liebe und das Verständnis für die Erdenergien der Agharter *mit* ihr. Entsprechend ist ihr Erleben der galaktischen Strömungen und der Verschiebung der Erdmanifestierungen so sanft wie der Wind in den Weiden.

Sie sind der Fötus im nährenden Leib der Mutter – sie hören die Geräusche der Außenwelt, spüren die Erschütterungen, kennen aber nur bedingungslose Liebe, Sicherheit und Vorfreude. Für jene aus Agharta ist der Aufstieg der Abschluss einer Jahrtausende langen »Reifung«, der langerwartete Zeitpunkt der Geburt.

Die Feiern haben begonnen. Die Städte und Dörfer und alles dazwischen sind angefüllt mit Vorfreude, denn alle bereiten sich vor auf die große Wiedervereinigung mit der galaktischen Familie des Lichts.

Kapitel 7

Die Gaben der Alten

Meinem Eindruck nach wirkt das Alte Ägypten fast wie ein eigener Planet. Es scheint sich in außergewöhnlichem Tempo entwickelt zu haben, verglichen mit anderen Ländern aus derselben Zeit – was wenig überraschend ist, wenn man bedenkt, dass es sich bei der Bevölkerung um Überlebende aus Atlantis handelt. Sie scheinen die bestorganisierte Gesellschaft jener Epoche gewesen zu sein und anderen damaligen Zivilisationen vieles vorausgehabt zu haben.

Das Ende von Atlantis war ja lange im Vorhinein bekannt. Habt ihr, die Sirianer und andere Hohe Räte, vielleicht entschieden, das Wissen von Atlantis an einem einzigen Ort zu konzentrieren oder fortzuführen, weil ihr wusstet, was die Zukunft bringen würde?

Wir möchten euch daran erinnern, dass alle Seelen in allen Bewusstseinsreichen auf individueller Ebene als Meister ihres eigenen Schicksals und als schwingungsmäßig eingestimmte Co-Schöpfer der Kollektiverfahrung dienen. Als Erdbewohner der dritten Dimension seid ihr Co-Schöpfer der Erderfahrung. Die Erde wiederum ist Co-Schöpferin der Erfahrung eures Sternenwesens Ra, dessen Aspekt und Spiegelbild sie ist.

Wir, die Intelligenz aus höheren Dimensionen, konzentrieren uns auf die Ereignisse, die sich in unseren Realitäten ereignen – Ereignisse, die das unausweichliche Ergebnis jener Seelen sind, die in der Bewusstseinsspirale gemeinsam mit uns bis zu diesem Punkt aufgestiegen sind. Aber da alles eins ist im Kosmos der Seele, ist das Bewusstsein jeder Ebene, jeden Individuums und jeder Dimension ein Spiegelbild des Ganzen. So werden wir von der Realität beeinflusst und beeinflussen gleichzeitig die Realität.

Es ist weder unser Wunsch, noch obliegt es unserer Verantwortung, zu entscheiden, welchen Verlauf die Ereignisse in eurem Reich nehmen. Dadurch würden wir nur euren und auch unseren karmischen Prozess verändern. Vielmehr haben wir während verschiedener Zeiten in bestimmten evolutionären Feldern gedient, um mehr Licht die Spirale hinunter werfen zu können, damit jene, die aus den verschiedenen Stufen der Dunkelheit und den Schattenländern nach oben steigen, besser erkennen können, was vor ihnen liegt und dass das Licht mit jedem Schritt heller strahlt.

Was das atlantische Wissen betrifft: Die Weitergabe dieses Wissens war nicht auf das Alte Ägypten, also Khemit, beschränkt. Dieses Wissen wurde an viele Orte auf der Welt getragen, denn der Kontinent Atlantis reichte von seiner vereisten, kalten Nordspitze bis zu seinem südlichsten Zipfel weit unterhalb der feuchtwarmen Äquatorregionen.

Dadurch hatte Atlantis Kontakt zu indigenen Völkern aller Orte und jeglichen Aussehens.

Wir glauben, dass ihr all das jetzt begreift, wo ihr die Philosophie, Konstruktionen, Magie und astronomischen Ausrichtungen von Atlantis auf fast jedem Kontinent eurer modernen Welt entdeckt. Ihr erkennt die wiederkehrenden Themen in den alten Geschichten. Jetzt kommt viel über eure wahren Ursprünge, eure wahre DNA-Kodierung ans Licht, und schon bald werden euch die Geheimnisse von Atlantis und alles, was sich dort ereignet hat, weltweit enthüllt werden.

Die Halle der Aufzeichnungen unter der Großen Sphinx ist bereits entdeckt worden, muss aber noch aktiviert werden. In der Pyramide selbst befindet sich eine weitere Geheimkammer. Sie wurde ebenfalls entdeckt, hat ihren Zweck jedoch bisher nicht preisgegeben, denn jene, die im Augenblick die Schlüssel zum Tor in Händen halten, gehören nicht zum Licht und betreten die Kammer ohne Liebe. Sie graben wie verrückt in den Sonnenfeldern des Gizeh-Energiekomplexes herum, können die Teile allerdings nicht zusammensetzen. Ihre Seelen sind zersprungen, wie Scherben im Sand der Zeit.

Habt keine Angst und gebt euch vor allem keinen finsteren Illusionen hin. Meister-Lichtarbeiter eures großartigen Planeten werden dazu in der Lage sein, Gizeh und all die anderen Kraftwerke von Atlantis zu aktivieren, wenn die Zeit gekommen ist, die Hallen zu öffnen. Der wandernde Sand der Geschichte hat Dinge verborgen, aber er gibt auch Dinge preis. Er wartet nur auf die richtigen Koordinaten in Raum und Zeit. Alles befindet sich in einem Zustand vollkommener Ordnung, während ihr euch dem Punkt nähert, an dem ihr euren Dichtegrad verlasst und ins Licht eintretet.

Die dreizehn Kristallschädel von Atlantis werden zu diesem Zeitpunkt wiedervereint. Die Bewusstseinslicht-Erzeuger von Atlantis werden die Unterwelt erleuchten. Die Hallen von Amenti werden sich vor euren Augen materialisieren. Und all dies wird sich noch zu euren Lebzeiten ereignen.

Wir bitten euch, daran zu denken, dass viel von dieser monumentalen Weisheit, dem Wissen und den Technologien der atlantischen Erfahrung lichterfüllt war, ein Teil aber auch sehr finstere Absichten verfolgte. In den Jahrtausenden, die Atlantis währte, gab es immer wieder Zyklen aus Licht und Dunkelheit – in ihrer ultimativen Intensität –, und einer dieser Zyklen der Extreme spielt sich jetzt erneut auf der Erde ab: die Dürreperiode.

Von all den Aufzeichnungen aus Atlantis, die nun ans Tageslicht gelangen, ist keine so unauslöschlich kodiert und geheimgehalten worden wie jene in Ägypten. Dort wurden die Aufzeichnungen über die Ereignisse auf eurem Planeten sicher gelagert, und dadurch hat vieles die Unruhen und Zerstörungskraft der Zeit, die Verschiebung der irdischen Form und das Treiben der Menschen überlebt.

Dort liegen so viele Geheimnisse vergraben, verborgen in den Göttermythen, deren Grundlage die frühen Zeiten des dritten Zyklus von Atlantis waren, als Osiris (»vom Sirius«) und seine atlantische Königin Isis in den wiedererweckten Ländern dieses großen Reiches herrschten.

Wir werden euch bald mehr darüber enthüllen, obwohl wir wissen, dass das Kontroversen und Widerstand auslösen wird. Wir sind uns darüber im Klaren, was wir in jenen auslösen werden, die am Glaubenssystem und an alten Denkmustern sowie den Aussagen sogenannter Geschichtsexperten festhalten.

Zur Zeit der finalen Katastrophe von Atlantis, mehr als zehntausend Jahre, bevor der Getaufte auf Erden wandelte, und zwanzigtausend Jahre, nachdem ihre Vorfahren den Weg verbrannt hatten, entgingen große Zahlen an Mitgliedern der Weißen Bruderschaft der Katastrophe, die sich an der Oberfläche abspielte, indem sie sich durch ein verzweigtes Netzwerk an Tunneln in die Städte der Innenerde zurückzogen.

Einige tauchten im Land Khemit wieder auf, über das geweissagt wurde, dass dort all die Hallen der Aufzeichnungen gebaut würden, die man für das Überdauern der Aufzeichnungen aus Atlantis und vielleicht sogar der Menschheit selbst benötigte. Andere flohen ins Land der Maya, auf die Hochebenen in Tibet und Peru … all dies mit der Mission, das Licht der Alten Sonne zu bewahren.

Anhänger der dunklen Kraft folgten ihnen – und wieder wollen wir euch daran erinnern, dass es im Dichtegrad der dritten Dimension immer Dunkelheit und Licht zugleich gibt. Das ist die Beschaffenheit eurer Realität. Was ihr als Individuen und als Kollektiv mit diesen Schwingungen anstellt, bestimmt die »Zukunft«, so wie ihr sie kennt, und das ist weder die Arbeit noch die Aufgabe jener jenseits eures Reichs – selbst wenn wir tun, was wir können, um euch bei eurem Übergang vom Dunkel ins Licht zu helfen.

Auch wir sind diesen Weg gegangen. Auch uns halfen jene, die uns voraus waren, und so wird es immer weitergehen.

Wenn ihr im Hinterkopf behaltet, dass der Sinn eurer Reise nicht nur darin besteht, jenen die Hand zu reichen, die euch vorausgehen, sondern auch jenen, die euch hinterherhinken, lernt ihr die wahre Bedeutung der Lichtarbeit für das Gemeinwohl kennen.

Wir bitten euch, stets daran zu denken, dass die Zukunft, so wie ihr sie versteht, niemals vorherbestimmt ist, und dass sich in der illusorischen Welt, in der ihr lebt, alles immer verändert.

Die Vergangenheit ist eine Illusion. Sie ist eine wirbelnde Leinwand des Gedächtnisses, unablässig in Bewegung und für jeden von euch ein wenig anders.

Die Zukunft ist eine Illusion – sie ist reine Hypothese. Sie ist dies und das, ist plastisch und verändert sich mit jeder karmischen Handlung.

Und die Gegenwart, illusorisch, entflieht euch so schnell, wie sie zu euch kommt.

War Ägypten wirklich das Land der Unsterblichkeit? War das von Anfang an so gedacht?

Das prädynastische Ägypten war eine Zeit reinen atlantischen und sirianischen Einflusses auf die empfänglichen indigenen

Stämme Khemits, in denen sich die Geschichte der atlantischen Existenz und Evolution manifestierte. Durch den Einsatz von Klang, bewusstem Denken und Licht zeigte man den spirituellen indigenen Völkern die Wunder weit zurückliegender Tage, während die Wunder ihrer eigenen Zeit in neuer Form integriert wurden: in die ägyptische Hochkultur. So waren die vor- und nachatlantischen khemitischen Leistungen ein wichtiger Bestandteil der Arbeiten eurer ägyptischen Vorfahren, und sie sind eng mit den Mythen verflochten.

»Geplant« war für die Menschheit ein doppelter Zweck: Er sah zum einen vor, die Aufzeichnungen all dessen zu verewigen, was »zuvor« gewesen war, symbolisiert durch das linke Auge des Horus, und zum anderen, das Bewusstsein für dasjenige zu erwecken und zu aktivieren, was noch vor euch lag, symbolisiert durch das rechte Auge.

Trotz aller Versuche der Historiker, die Wahrheit über das Erbe von Atlantis zu verbergen, habt ihr aus all dem, was euch hinterlassen wurde, sicher schon den Eindruck gewonnen, dass das gewaltige Ausmaß der ägyptischen Kultur mit ihrem großen Wissensschatz und ihren Technologien nicht in den »Zeitrahmen« der archäologischen Aufzeichnungen passt.

Wir sprechen von dem Konstrukt im Raum-Zeit-Kontinuum, das das »Ende« des dritten Zyklus von Atlantis und den »Anfang« der Hochkultur Ägyptens markiert, die mit jeder neuen Dynastie ein wenig mehr an Fokus und Seele verlor. Wir bitten euch aber, nicht zu vergessen, dass die Spuren der großen Zivilisation von Atlantis – als Osiris noch unter den Menschen wandelte – in Ägypten nach wie vor existieren und dass die Wiederentdeckung des Osiriskults den Punkt markiert, an dem die großen Atlanter in Khemit eingriffen.

Wie ihr schon bald entdecken werdet, war diese Generation von Atlantern viel wichtiger als die vorige, und ihr Beitrag ist heute für euch von großer Wichtigkeit.

Wenn du nach dem »Land der Unsterblichkeit« fragst, heißt das wohl, du würdest gern wissen, ob von Anfang an geplant war, dass Ägypten als Lagerstätte für die Weisheit von Atlantis dienen würde, aus der es entstand und sich nährte. Wir bestätigen, dass Ägypten wahrhaftig so konstruiert wurde, dass die Geheimnisse der größten Stunden der menschlichen Existenz auf der Erdebene dort in Sicherheit wären, bis eine Zeit käme, in der die Menschheit ein ausreichendes Verständnis entwickelt hätte, um die kodierten Weisheiten entziffern, die Schlüssel der multidimensionalen Erfahrung aktivieren und all das zum Allgemeinwohl Gaias und weiterer Welten nutzen zu können.

Durch seine unbegrenzten archäologischen Aufzeichnungen und reichen mythologischen Legenden enthüllt Ägypten dem Eingeweihten die spirituelle Meisterschaft und Weisheit der höchsten Gesellschaften des alten Atlantis, so wie es auch die Schlüssel zur Geschichte der letzten Generationen in sich trägt. Es ist alles da, verewigt in Stein und im ungesprochenen Wort, damit ihr einen Blick auf den bunten Flickenteppich dessen werfen könnt, was ihr für die Vergangenheit haltet – und um es als Tor zur neuen Dämmerung enträtseln und aktivieren zu können. Eine vollkommenere Reflektion der Unsterblichkeit der Vergangenheit kann es nicht geben!

So hast du unserer Meinung nach deine Frage nach dem Plan gemeint: Ägypten möge ein unsterbliches Land werden. Indem es das Erbe von Atlantis fortführt und in euer heutiges Bewusstsein projiziert, hat es Atlantis und sein Volk für euch tatsächlich unsterblich gemacht.

Hast du deine Frage aber so gemeint, dass ein »Land der Unsterblichkeit« ein Ort ist, an dem der Lebensfokus darauf liegt, sich auf das unsterbliche Leben der Seele und die Wiederauferstehung des physischen Seins vorzubereiten – dann können wir dir versichern, dass dies der wesentliche Fokus des Lebens im Alten Ägypten war.

Seit der »Ersten Zeit«, Zep Tepi, wie sie in ägyptischen Texten genannt wird, lehrten die frühen religiösen Kulte des Landes, dass das Individuum genau wie Osiris Unsterblichkeit erlangen und auch im Leben nach dem Tod eine physische Essenz wahren konnte. Diese Suche nach dem ewigen Leben, entstanden durch eine Fehldeutung der ersten Geschichten von Osiris und seiner anderweltlichen Anwesenheit viele Jahrtausende zuvor, war fraglos ein bestimmendes Thema in der Entwicklungsgeschichte der ägyptischen Kultur.

Was heute noch an Beweisen geblieben ist, die aus den Gräbern der Alten geholt wurden, sind Symbole der ägyptischen Suche nach Unsterblichkeit – einer Unsterblichkeit, die durch drei unterschiedliche Prozesse erlangt werden sollte. Der erste war die Mumifizierung des Körpers, ein akribisches Verfahren, durch das die physische Form erhalten werden sollte. Der zweite war die Mitgabe von allem, was der Geist während seines Übergangs ins Jenseits benötigen würde: Nahrung, Werkzeuge und Gegenstände von persönlicher Bedeutung. Der dritte erforderte Anrufungen und magische Sprüche, die mit dem Leichnam begraben wurden, damit sich der Geist aus dem Körper erheben und in die Hallen von Amenti reisen konnte.

Die Suche nach dem ewigen Leben ist ein wiederkehrendes Thema in der menschlichen Geschichte, denn es geht für euch dabei darum, euch auf eurer urwüchsigsten Ebene daran zu erinnern, dass die entmachtende Vorstellung der Endlichkeit – eures Todes – nur eine Illusion und die Seele unsterblich ist.

Was war die genaue Rolle der Sirianer zur Zeit von Osiris, Isis und Horus?

Die Frage nach unserer Präsenz an diesem Zeitpunkt in der Geschichte von Atlantis-Ägypten ist komplex und erfordert, dass wir weiter ausholen. Darauf möchten wir uns mit unserem

Channelmedium in einem eigenen Werk konzentrieren, *Wo die Pharaonen wohnen*, sobald Trydjya ihre Zeit im Heiligtum der Heiligtümer verarbeitet hat.*

Die Geschichte hat viele Schichten und Aspekte, und euch wurden zahlreiche Hinweise hinterlassen, die von den Historikern nahezu ausschließlich fehlgedeutet wurden. Ihr überseht auf eurer Suche nach Antworten zu eurer multidimensionalen Existenz häufig, dass die erleuchteten Meister unter euch bereits gezeigt haben, wie man materialisiert, dematerialisiert und das Atum umarrangiert, um neue Formen zu erschaffen. Ihr fragt euch: »Sind die Götter wirklich vom Himmel herabgestiegen und unter uns gewandelt?«, und überlegt, in welcher Form sie in eurer und auch unserer Welt interveniert haben. Im Fall der Legende von Osiris ist das ein und dasselbe.

Um deine Frage über ihn zu beantworten: Osiris, ein Anagramm von Sirios, war ein Lichtmeister aus dem sirianischen Sternensystem, der durch ein bereits zu Beginn des dritten Zyklus von Atlantis geschaffenes Portal zu euch kam. Wir haben hierüber in unserem Buch *Atlantis steigt auf* ausführlich berichtet und euch darin auch geschildert, wie die Wesen von Yzhnüni, einem Satelliten des Sirius, in eure Dimension zurückgeschritten sind, um den Atlantern bei ihrer Entwicklung zu helfen.

Erinnert euch, dass der dritte und letzte Zyklus mit dem Schmelzen der Eisschicht einsetzte. Als die Gletscher ihren raschen Rückzug vom Kontinent begannen, kam es zu einer spontanen Phase großen Gedeihens, und das wundervolle Atlantis, eine der letzten Landmassen, die zerstört worden waren, zählte gleichzeitig zu den ersten, die wiederbelebt wurden … sowohl energetisch als auch klimatisch.

Viele große sirianische Seelen beschlossen, zu dieser Zeit die Erde aufzusuchen, um bei der Wiedergeburt der menschlichen

---

* Auch dieses Buch ist bei AMRA in Vorbereitung.

Gattung behilflich zu sein – als Teil des karmischen Bandes, das uns mit euch verbindet, und um unsere unaufgelösten karmischen Probleme mit den Annunaki von Nibiru beizulegen. Wir konnten die Akasha-Aufzeichnungen lesen und beobachteten, dass die Lichtfamilie damals in die Erdfelder gerufen wurde, und so dachte man, es sei in gewisser Weise unser Schicksal, uns unterhalb unserer Schwingung zu inkarnieren und in die dritte Dimension zurückzukehren.

Damals erschienen die ersten Sirianer als Humanoide auf der Erde, vornehmlich im Bergland von Atlantis. Wie unsere Sonnengottheit Satais (Sirius B) existiert auch der Heimatplanet der Yzhnüni (Yzhnü) im materiellen Universum nicht mehr. Er schwingt jetzt auf einer höheren Frequenz mit, als sechsdimensionale planetare Essenz in einem Paralleluniversum. Für die Yzhnüni bot sich damit die Chance, wieder in verkörperter Form zu leben, mit all den Herausforderungen, denen sich Wesen, die sich bewusst weiterentwickeln, durch die Elemente, andere Lebensformen und den transformierenden Prozess der Retrogradierung ausgesetzt sahen.

Doch es würde helfen, das Karma zu begleichen, das Sirius an die Schwingung Gaias gebunden hat, und wären sie diesen Schritt nicht gegangen, hätte das unsere eigene Entwicklung sicherlich weit hinausgezögert.

Die Yzhnüni, Sternensaat von Sirius, hatten große Schwierigkeiten damit, sich in der dritten Dimension zu kristallisieren. Ihre Schwingung hatte den physischen Bereich schon vor Ewigkeiten verlassen, und so war ihre geplante Rückkehr in die materielle Form ein Unternehmen voller Unwägbarkeiten. Aber die Berichte von dem blau-grünen Planeten, seiner Anmut und Musik schallten durch das ganze Universum. Gaia übte eine faszinierende Anziehungskraft aus. Man kann sagen, dass sie die Sirene des Himmels war, und die Seelen vom Sirius waren der Odysseus der galaktischen Meere.

Die Essenz der Yzhnüni kristallisierte sich in den dreidimensionalen Feldern der Erdrealität als sehr hochgewachsene, strahlende Geschöpfe von einer Form, die stark an die menschliche Anatomie und Struktur erinnerte, aber eindeutig etwas anderes war. Am auffälligsten war ihr ausgedehntes Aurafeld, das ihre physischen Körper meterweit sichtbar umgab.

Ihre Außenhülle erinnerte an zarte Folie, reinweiß und durchschimmernd, so dass sie auf die Einheimischen wie elfengleiche Wesen wirkten und auch viele Jahrhunderte ihrer Existenz auf der Erde als solche betrachtet wurden. Sie hatten riesige, helle Augen, die die Farbe Indigo reflektierten. Ihr Haar war aus weißgoldenem Licht. Ihre rund zweieinhalb Meter großen Körper waren schlank, zart und biegsam.

Die Yzhnüni schwangen sehr eng mit dem Erdelement Wasser mit, da es auf ihrem Planeten Wasser im Überfluss gab, so wie auch auf allen anderen natürlichen Satelliten im Sirius-System. Um die Schwingung Gaias halten zu können, keimten sie im Hochland des Kontinents Atlantis, da es dort unzählige Höhlen und Grotten gab, in denen sie die Wärme und Feuchtigkeit fanden, die ihre natürliche Lebensumgebung am besten widerspiegelten und sie gleichzeitig vor der Strahlung eurer mächtigen Sonnengottheit schützten. Es war ein Gebiet, das große Ähnlichkeit mit den Kristallfeldern von Yzhnü hatte.

Bei ihrem ersten Auftauchen auf der Erde hatten die Yzhnüni noch eine so hohe Schwingungsfrequenz, dass sie den Dichtegrad eures Planetenfelds nicht halten konnten und auch nicht den geringsten Kontakt mit direkter Sonneneinstrahlung ertrugen. Für den Beobachter wirkte es so, als würden sie immer wieder erscheinen und verblassen. Und tatsächlich verschwanden sie auch aus der materiellen Welt und kehrten wiederholt in die sechste Dimension zurück, bis es ihnen schließlich gelang, die Schwingung der dreidimensionalen Frequenz zu halten. Ihre Außenhülle enthielt keinerlei Pigmente, die sie vor dem schädlichen ultravioletten Licht geschützt hätte, und so lebten sie in jenen ersten Tagen ihrer »fernen« Migration während der Sonnenstunden unter der Erde.

Mit der Zeit schlug die sirianische Saat jedoch Wurzeln in der dreidimensionalen Realität. Ihre physischen Körper wurden dichter und passten sich besser an die geothermalen Kräfte der Erde und ihre Sonne an, die jetzt wieder strahlend durch die Atmosphäre dieser Welt schien. Ihre Körper wurden fest und widerstandsfähig, ihre Haut schimmerte nicht mehr so sehr und ihr Teint wurde ein bisschen dunkler … etwas weniger durchscheinend.

Nun sollt ihr wissen, dass das Portal, durch das die Yzhnüni zu euch kamen, ein Geschenk des Sirius an die Atlanter und alle zukünftigen Menschheitsgenerationen war. Es sollte benutzt werden, sobald sich die Entwicklung des menschlichen Bewusstseins stark beschleunigte und die Sternentore geöffnet werden konnten. Eine solche Zeit ereignete sich, als Osiris aus den höheren Dimensionen durch das Portal in die dritte Dimension kam, und es wird erneut zu einer solchen Zeit kommen, wenn ihr den Aufstiegsvortex erreicht.

An einem Punkt in der irdischen Evolution der Yzhnünis, zu dem sie die Novizen in den Praktiken effektiv trainiert hatten, die dabei helfen sollten, die Wam-Frequenzen der indigenen Völker und des gesamten Ökosystems neu zu etablieren, intervenierte der Hohe Rat vom Sirius. Es war unsere Absicht, das Verständnis der Multidimensionalität und des höheren Zwecks der Existenz der Menschheit seitens der Atlanter zu beschleunigen, damit sie die Arbeit der Yzhnüni fortführen konnten, das Kollektivgedächtnis der Zivilisation in Gang zu bringen. Dies würde sie mit der Unendlichkeit des Lebens verbinden, die durch den multidimensionalen Körper von Allem strömt, Was Ist.

Es war unsere Absicht, dafür zu sorgen, dass die Anwesenheit der Yzhnüni unter euren großartigen Ahnen dazu diente, die mutierende Sternensaat-Menschheit aus den Fesseln ihrer Überlebenstriebe zu lösen, und sie dazu zu bewegen, nach Erleuchtung zu streben und dann die Weisheit an all jene zu übermitteln, die den Leuten auf dieser Suche den Weg wiesen. Wir wollten dabei helfen, das Gitternetz aufzulösen, das die Erde einhüllte, damit wir direkte Kontaktlinien zu euch und anderen Lebensformen eurer Welt errichten konnten.

Um den noblen Yzhnüni zu helfen, wurden dreizehn Kristallschädel extradimensionaler Ursprünge materialisiert – in dreidimensionalen Erdfrequenzen »kristallisiert«, ähnlich wie auch ihr als Seelenessenzen die physischen Körper erzeugt, in denen ihr als dreidimensionale Wesen lebt. Denkt daran, dass Quarzkristalle Lebewesen sind, die Energie aufzeichnen, speichern und verstärken. Ihr könnt das anhand ihrer praktischen Anwendung in euren Technologien sehen, und auch wenn ihr vielleicht noch nicht so recht versteht, wie das eigentlich funktioniert, habt ihr längst akzeptiert, dass Silikon-Chips die Basis sind, auf der manche Technologien beruhen.

Vergesst aber nie, dass die Kapazität von Kristallwesen, dem Bewusstsein zu dienen, im gesamten materiellen Universum und den unendlichen Dimensionen jenseits eures aktuellen »Scheibchens« der Realität, verstärkt wird, wenn die Matrix durch gerichtete, fokussierte Gedankenwellen einiger oder vieler aktiviert wird. Und wenn dieser Fokus darauf gerichtet ist, dem Allgemeinwohl zu dienen, kommt Magie zustande.

So schwierig es für euch auch zu visualisieren oder zu akzeptieren sein mag – es ist ein relativ einfacher Prozess, Kristallwesen aus einem ätherischen Abdruck in Materie zu verwandeln, und vielleicht habt ihr es selbst schon bei persönlichen Interaktionen mit ihnen erlebt.

Vielleicht habt ihr erlebt, wie ein Kristall einfach verschwand und dann an einem anderen Ort oder Zeitpunkt wiederauftauchte. Das ist ein universelles Phänomen bei Schwingungen – und nein: Es heißt nicht, dass ihr den Verstand verliert, wenn sich einer eurer Kristalllehrer »in Luft aufzulösen« scheint. Es ist einfach nur so, dass die Illusionen der materiellen Welt euch in dem Glauben wiegen, dass solche Dinge nicht geschehen können, genauso wie ihr vielleicht glaubt, dass auch ihr nicht nach Belieben verschwinden und wiederauftauchen könntet. Aber solche Ereignisse kommen in den Ländern der Asketen und Meister, die die Fähigkeit zur Dematerialisierung entsprechend der Devise »der Geist beherrscht die Materie« erlangt haben, Berichten zufolge häufig vor.

Die dreizehn Schädel, die im frühen Atlantis manifestiert wurden, sind jedenfalls das Ergebnis der Gedankenmuster höherer Wesen – Mitgliedern der Lichtfamilie –, die aus vielen dimensionalen Bezugsrahmen aufgefordert wurden, an ihrer Schöpfung teilzuhaben. Sie wurden vom Hohen Rat vom Sirius ins Reich der Erde gebracht und darauf programmiert, die Portale multidimensionalen Gewahrseins für die Yzhnüni zu öffnen ... damit sie ihre Arbeit mit direktem Zugang zu Hilfestellungen aus den höheren Dimensionen fortführen konnten. Die dreizehn Schädel, die die Lichtfamilie unter dem Namen »das Schädelkomitee« kennt, wurden im Tempel der Nephthys aufbewahrt, tief in einer Amethystgrotte im Heiligtum der Yzhnüni-Anbetung in der Innenerde.

Das alles hatten wir euch in *Atlantis steigt auf* bereits ausführlich geschildert. Osiris, Meister des weißgoldenen Lichts, kam durch das Portal auf die Erde, das mit dem Schädelkomitee geöffnet wurde, um die Überlebenden des zweiten Atlantis-Zyklus aus ihrem Unterschlupf im Erdinneren zu locken, damit sie eure Welt wiederaufbauten.

Als Meister des Lichts über die Materie wurde er als wichtigster Gott Ägyptens verehrt, dem alle anderen Aufzeichnungen und Mythologien entspringen. Er schenkte euch die dreizehn Kristallschädel, von denen jeder die Blaupause eines eurer zwölf DNA-Lichtstränge in sich trägt – die Blaupause der Superspezies des *Homo sapiens.*

Jeder von ihnen ist Träger der Aufzeichnungen der höherdimensionalen Intelligenz, die ihn dazu brachte, sich in eurem Reich zu kristallisieren und all die Schwingungen und Lichtformen in sich zu halten.

Wundert es euch da, dass sie zu einer Zeit wiedervereint werden, in der ihr die DNA-Goldfäden reaktiviert? Die Wiedervereinigung der zwölf Schädel aktiviert wie die Neuverdrahtung eurer zwölf Stränge den Meister.

Betrachtet das als Allegorie auf euren eigenen Prozess.

Vereint manifestierten die zwölf Kristallschädel die ursprüngliche Absicht der weißen Priesterschaft – die Öffnung der galaktischen Portale zu einer Zeit, in der genug von euch, dem Kollektivbewusstsein, die Schwingungsfrequenz erreicht haben, mit der euer Aufstieg hinaus aus der Begrenztheit möglich ist. Wenn die zwölf Kristallschädel vereint sind, wird der dreizehnte, der Meisterschädel des Osiris, »exhumiert« werden und in ihrem Kreis endlich Form annehmen.

Schon seit vielen Jahrzehnten ist immer wieder von diesen Kristallschädeln die Rede. Warum haben sie eigentlich für uns heute noch so eine große Bedeutung?

Ihr Wert für euch ist unermesslich. Ihr solltet von den Schädeln wissen, weil sie für die Menschheit ein wahrer Schatz sind. Sie enthalten euer Urgedächtnis, einen Teil des Kollektivbewusstseins eurer Spezies. In eurer aktuellen Realität sind bisher sieben davon wieder an die Oberfläche gelangt und die anderen fünf noch sicher verwahrt. Dort, an ihrem sicheren Ort, erwarten sie die Zeit der Zusammenkunft.

Der dreizehnte, der vollständig aus dem Dichtegrad der dritten Dimension entfernt wurde, existiert in ätherischer Form unter dem Osirion in Ägypten. Er wird sich materialisieren, wenn die anderen Schädel zusammengebracht wurden.

Dass so viele von euch die Schwingungsaspekte dieser Schnitzereien dermaßen lieben, liegt in manchen Fällen an der Erinnerung. Bei anderen handelt es sich um eine Projektion in den Augenblick, in dem es zur Wiedervereinigung kommt. Viele alte Atlanter haben sich in dieser Zeit wieder verkörpert, um das Karma zu berichtigen, das aus ihren Gedanken und Handlungen gebildet wurde. Sie tragen die Erinnerungen in ihren unterbewussten Reservoirs mit sich und wissen tief in sich, dass die Zeit der Wiedervereinigung nahe bevorsteht.

Viele dieser alten Seelen haben sich jetzt reinkarniert, einfach aus dem Grund, um da zu sein, unter euch, wenn sich die Wiedervereinigung ereignet.

Ihr seid nicht die erste Generation, die solche Formen verehrt – vor euch gab es schon viele weitere! Antike Schnitzer haben die Kristallschädel lange vor euch vergöttert – so mächtig ist das Gedächtnis und die Legende vom Schädelkomitee. Einige dieser Schädel aus der Alten Welt sind nun wiederaufgetaucht, mit all ihren Prägungen und Codes. Bei einigen handelt es sich um unglaubliche Lichtfelder, andere gehören zur Dunkelheit – denn die Form an sich ist eine Lagerstätte für Informationen, während die bewussten Zelleinheiten des Minerals auf die Intention reagieren, die während ihrer Reise in ihnen aktiviert wird, und sie aufrechterhalten.

Aber es wurden in euren heutigen Tagen auf der Erde noch andere Kristallschädel erschaffen, und auch sie tragen die Intention und Liebe ihrer Schöpfer in sich. Deshalb ist es so wichtig, dass ihr bei der Arbeit mit derartigen Werkzeugen jegliche Energien beseitigt, die nicht den höchsten Zielen dienen. Das ist ein Mantra, das ihr für die Arbeit mit ihnen benötigt.

Vergiss nicht, liebe Trydjya, dass all das *echt* ist: jede Erfahrung und alle Gedanken, die aus jedem Moment abstrahlen.

All das dient dazu, die richtigen Dynamiken für die Zusammenkunft zu erzeugen. So fokussiert ihr euer Bewusstsein auf einen Bereich jenseits der Begrenztheit und auf das Feld des Möglichen, das ebenso vor euch liegt wie in jeder Zelle eures Seins. So beschleunigt ihr euren Aufstieg.

Welche Rolle spielt der Hohe Rat vom Sirius denn eigentlich in irdischen Belangen?

Wir verstehen deine Frage so, dass du wissen möchtest, inwiefern wir an diesem Punkt im Raum-Zeit-Kontinuum mit Erdenwesen interagieren, deren Schwingung in Harmonie mit den mutierenden Schwingungen eurer Sonnengottheit, die sich auf den Aufstieg vorbereitet, ansteigt.

Wie schon in anderen zentralen Augenblicken der menschlichen Evolution, in denen eure Spezies unglaubliche Sprünge individuellen und gesellschaftlichen Fortschritts erlebte, befindet ihr euch alle an einem Punkt, an dem ihr euch bald mit der galaktischen Familie wiedervereinigen werdet.

Neben vielen anderen Dingen gehört dazu die Ankunft größerer Zahlen von außerirdischen dreidimensionalen Wesen aus eurem Sonnensystem, aber auch aus anderen Gegenden, sowie der Kontakt zu intelligenten extradimensionalen Lichtwesen aus höheren Dimensionen.

Einige der fraglichen Außerirdischen werden von niedrigerer Schwingung sein, andere von höherer. Dies ist die duale Beschaffenheit der physischen Realität, die wir euch so oft in unseren Arbeiten beschrieben haben. Einige haben sich auf der Erde bereits umfassend etabliert und arbeiten mit euren Regierungen zusammen, wie wir ebenfalls bereits beschrieben haben. Andere werden bald eintreffen. Einige sind von dunkler Überzeugung, andere zählen zum Licht. Wieder andere befinden sich irgendwo dazwischen.

Was die Frage nach ihren Absichten für die Entwicklung zwischen den Spezies betrifft, zu der es durch ihre Interaktionen mit der menschlichen Gattung kommen wird, möchten wir euch daran erinnern, dass es die energetischen Felder eurer kreativen individuellen und kollektiven Gedankenmuster sind, die darüber bestimmen, in welcher Form ihr Kontakt zu Außerirdischen aufnehmt – und das wird wiederum deren spontane Reaktionen auf euch bestimmen.

Die Lichtreiche, in denen wir die Schwingung halten, sind verantwortlich dafür, in euch das Wissen darüber neu zu entfachen, wie ihr mit jedem Gedanken, jedem Wort und jeder Handlung die verborgene Realität erweckt. Sie dienen als Stationen im geistigen Raum, an denen ihr Liebe und Licht erhalten und Ängste ablegen könnt.

Das ist der wahre Grund, aus dem wir jetzt Kontakt zu euch aufnehmen, so wie es immer war in den Wahrscheinlichkeitsfeldern, die ihr als Raum-Zeit-Kontinuum kennt.

Dies, liebste Sternensaat, wurde im Pantheon der ägyptischen Götter, den eure Vorfahren um Weisheit, Rat und Licht aus dem Jenseits ersuchten, eloquent präsentiert.

Wie die Alten strebt auch ihr jetzt danach zu wissen, was jenseits des physischen Reichs und alldem liegt, was in eurem Beobachtungsbereich manifest ist.

Und wie die Ägypter und andere alte Sternensaaten werdet ihr darin unterstützt, euch das Wissen aus erster Hand anzueignen, während ihr mit den immer schnelleren Schwingungen der Erde aufsteigt.

War der Große Sphinx einst ein Zeugnis für den Beginn einer neuen Ära? Ich frage, weil ich sehe, dass über einen langen Zeitraum hinweg die Götter meist mit Menschenkörper und Tierkopf dargestellt wurden – aber der Sphinx zeigt einen Tierkörper mit Menschenkopf. Was ist der Grund dafür?

Der Große Sphinx, ein Bildnis des Sirius, wurde ursprünglich nicht mit Menschenkopf erschaffen. Diese Veränderung hat man Jahrtausende nach seiner Schöpfung vorgenommen, und zwar absichtlich, um das Ego des Pharaos zu nähren und dadurch die ursprüngliche Energie zu brechen.

Selbst bei beiläufiger Betrachtung werdet ihr feststellen, dass der aktuelle menschenähnliche Kopf in unangemessener Proportion zu dem löwenartigen Körper steht, der während bestimmter astrologischer Konfigurationen Richtung Osten starrt, über den Horizont hinaus, auf den Sirius-Stern Sothis.

Der Löwe ist Zeugnis antiker Sternensaat, jener aus den frühen Tagen im dritten Zyklus von Atlantis, die die Schwestersterne von diesem Punkt in Gaias Energienetz aus verehrte, das mit dem Epizentrum ihres Energiekörpers und dem Zusammenfluss aller Ley-Linien unterhalb und auf eurer Planetenoberfläche korrespondierte.

Er ist der Wächter der Felder, Träger der Musik von Gizeh, welche die Hallen der Aufzeichnungen aktiviert, wenn sie erst einmal enthüllt worden ist.

Ich muss einfach fragen: Was befindet sich unterhalb des Sphinx? Wir hören schon seit so langer Zeit so unterschiedliche Dinge.

Unter dem Löwen befindet sich die Halle der Aufzeichnungen, in der alle Gedanken gelagert sind, die jemals gedacht wurden, alle Worte, die jemals gesprochen wurden, und jeder heilige Code, der jemals ins multidimensionale Universum eingelesen wurde. Dort finden sich alle Schlüssel, um das Pyramidennetzwerk auf allen Kontinenten zu aktivieren, die Tempel aller Betenden, die Energienetze des äußeren und inneren Körpers Gaias und die Zugänge nach Agharta.

Dort liegt eine schlichte Kammer von runder Form als Zeichen für das Atum, das Einssein der Schöpfung, die als Resonanzkammer für die Schöpfungsmusik dient. Die Musik wird gespielt, wenn die Zeit reif dafür ist, dass das menschliche Bewusstsein entziffert, wie die Sinfonie geschrieben und in dem Sphinx gelagert wurde.

Eure Archäologen haben diesen heiligen Raum bereits durchdrungen. Sie waren enttäuscht von seiner einfachen Beschaffenheit und den kahlen Wänden, da sie keine Ahnung haben, welchem Zweck er dient. Spirituelle Meister werden die Möglichkeit erhalten, die vielen Bewusstseinsschichten zu entschlüsseln und die Musik erschallen zu lassen, und das wird geschehen, wenn die Menschheit die Verschiebung vollzogen und die notwendigen Harmonien erzeugt hat.

Wer werden diese Meister-Lichtarbeiter sein, die »Gizeh aktivieren«? Sprecht ihr von weit fortgeschrittenen Menschen … oder echten Lichtwesen?

Sehr weit fortgeschrittene Menschen sind Lichtwesen. Es gibt inzwischen viele davon unter euch, und in der Zeit eurer Zutagetretens werden noch zahlreiche weitere die Erleuchtung erlangen – und sie werden von den Aufgestiegenen Meistern angeleitet werden.

Einige von ihnen kennt ihr bereits, andere müssen erst noch einen Platz in eurem Bewusstsein finden.

Steht das, was sich unter dem Sphinx befindet, in Zusammenhang mit Gizeh?

Sicher ist all dies verbunden. Wir bestätigen euch gerne, dass die Gizeh-Pyramide vielen Zwecken dient. Unter anderem ist sie ein Triumphwagen, in dem die Pharaonen Zeitreisen unternahmen. Vom sogenannten »Sarkophag« in der Königskammer aus reisten sie in viele Sternensysteme und Dimensionen.

Den Prinzipien einfacher, harmonischer Bewegungen folgend, in denen viele Schwingungen symmetrisch zu einem Punkt verlaufen und dabei Resonanzfelder erzeugen, befand sich das gesamte Plateau in harmonischer mittlerer Proportion zur Kammer unter dem Sphinx.

Alles, was für das menschliche Auge heute sichtbar ist, die Bauwerke, die sich auf dem Sand befinden, und jegliches Verborgene – verborgen für alle bis auf die Elite, die den Untergrund dort und an anderen strategischen Stellen heimlich untersucht – sind harmonisch auf bestimmte Frequenzen und musikalische Sequenzen eingestimmt, die ganz buchstäblich »abgespielt« werden können, um die Halle der Aufzeichnungen zu öffnen.

Bei dieser Halle handelt sich um einen leicht oval geformten Raum im Untergrund, der die Archäologen vor Rätsel stellt, da er keinerlei erkennbare Schätze enthält, keine Inschriften trägt und nichts von seiner Weisheit über Geburt und Geschichte der Menschheit verrät. Alles ist kodiert und wartet auf die Anweisung des Dirigenten, der die große Sinfonie anleiten kann, durch die sich die Schlüssel drehen.

Es gibt Tunnel, die den gesamten Bereich unter dem sogenannten Gizeh-Plateau durchziehen. Diese an Ebenen reichen Durchgänge verbinden die Pyramiden, den Sphinx, komplette Untergrundstädte und Begräbnisstätten, die immer noch reich an Geschichte und dem materiellen Reichtum sind, nach denen eure modernen Eroberer streben.

Der Hauptzugang, ein Geheimweg ins Herz der Halle der Aufzeichnungen, befindet sich zwischen den Vorderläufen des Sphinx – direkt hinter der Brustplatte. Nur die Eingeweihten können das dort liegende multidimensionale Tor durchschreiten, da es keine physische Manifestierung hat.

Schon seit Langem will ich Fragen zur Bibliothek von Alexandria stellen. Ich weiß, dass der Brand kein Unfall war. Die Bi-

bliothek brannte ab, weil sie Informationen enthielt, mit deren Hilfe die Gelehrten der Bevölkerung beibringen konnten, sich über die Begrenztheit zu erheben. Als sie niederbrannte, wurde alles noch sehr viel mehr begrenzt.

Damals gab es zahlreiche großartige Bibliotheken auf der ganzen Welt. Die Bibliothek von Alexandria befand sich direkt an einem Hafen. Sie scheint eine ganz besondere Energie in sich getragen zu haben, die nichts mit unserer irdischen Ebene zu tun hatte. Tatsächlich stammte sie von außenstehenden Lichtkräften.

Es heißt, dass einige Dokumente aus der Bibliothek von Alexandria kopiert oder gerettet und an verschiedene Orte auf der Erde gesendet wurden.

Einer dieser Orte ist der Vatikan. Bei meinen Nachforschungen fand ich heraus, dass es dort über zweihundert Archivkammern gibt, von denen jede einzelne bis zu zweihunderttausend Dokumente enthalten könnte.

Wissen bedeutet Freiheit. War der Brand in der Bibliothek ein Plan der dunklen Mächte, all dieses Wissen zu beseitigen?

In jedem Moment und an jedem Punkt des dreidimensionalen Universums, an dem eine Machtstruktur existiert, deren Absicht darin besteht, über irgendwelche anderen Spezies oder fühlenden Wesen zu herrschen, wird gleichzeitig der Wunsch existieren, jede Form von Wissen und Weisheit zurückzuhalten – als fundamentale Strategie zur Kontrollausübung.

Herrschaft über andere wird nicht nur durch Peitsche und Schwert erlangt. Das sind so offensichtliche Manifestierungen, dass die Unterworfenen den Tyrannen leicht stellen und womöglich stürzen können. Es ist die Bewusstseinsmanipulation, durch die ein Individuum oder eine Gesellschaft vom Licht der Liebe und den Wundern des Universalgeistes, dem durch die alten Erleuchteten so eloquent Ausdruck verliehen wurde, fortgeführt wird, um durch die verlangsamten Schwingungen der

Ignoranz und Dunkelheit zu waten, die letztlich als Schlüssel zur Kontrolle und Dominanz über andere dienen.

Dies ereignete sich im Verlauf der Geschichte immer wieder, wie auch auf anderen nicht sonderlich weit entwickelten Planeten eurer Dimension. Es ist ein Aspekt der dualen Beschaffenheit eurer Realität. Und es verläuft zyklisch. Ihr errichtet und brennt nieder, baut auf und reißt ein, gestaltet und zerstört, nur um erneut zu erschaffen – wieder und immer wieder.

Vergesst aber nicht, dass durch den Akt der Verbrennung all dieser Bücher die Weisheit in die Äther eingeprägt wurde – wo die Visionen und Einsichten solcher erleuchteten Mitwirkenden an der Menschheitsgeschichte in die Akasha-Aufzeichnungen eingraviert wurden. Dies ist die wahre Bibliothek der Erde, in die alles eingeschrieben ist – vom ersten Gedanken der schöpferischen Urkraft Atum über die unendlichen Meere des Kosmos und vom ersten Atom selbst.

Ganz im Gegensatz zu deiner Annahme, dass die dunklen Mächte ihr Ziel erreicht haben, wurden also vielmehr, als die Bibliothek abbrannte, die dort enthaltenen Arbeiten in großem Ausmaß *von ihren irdischen Beschränkungen befreit* und in der Flamme gereinigt, um in höherer Form in die Äther eingeprägt zu werden.

Wenn diese Bibliothek unter dem Schutz der Lichtkräfte stand, warum wurde dann zugelassen, dass ein so großer Teil der Geschichte, Lehren und Informationen der Erde verbrannte?

Alles ist Gott, die schöpferische Urkraft, der Gedankensame. Alles entspringt dem göttlichen Wollen, dem Guten, der Essenz, der Quelle.

Und so kommt es, dass alles, was in der Illusion, in der ihr lebt, geschieht, ein Spiel von Ursache und Wirkung, Dunkelheit und Licht ist … unendlich, eloquent und voll tiefer

Erfahrung und Weisheit, die sich aus dem Tanz zwischen Gegensatz und Harmonie ergibt.

In eurer Geschichte hat es so viele dunkle Zeitalter gegeben … Atlantis, Lemurien, Alexandria, die Kreuzzüge und selbst jetzt: Eure aktuellen Gesellschaften sind am Punkt der Zerstörung angekommen, scheinen auf die Selbstvernichtung zuzusteuern. Ihr wisst aber, dass ihr euch wie der Phönix stets von Neuem erhebt, wiederaufersteht aus der Ignoranz, die euch in die Extreme treibt: Ihr fliegt weiter auf das Licht zu. Ihr bezeichnet diese Perioden als »Zeitalter der Wiedergeburt«, und mit jeder von ihnen steigt ihr höher als in der Epoche, die euch dorthin gebracht hat.

Wir bitten euch, nicht zu vergessen, dass die Dunkelheit solcher Augenblicke und die damit einhergehende Gewaltsamkeit, zu denen das Kollektiv durch seine Passivität und seinen Materialismus seinen Teil beiträgt, ebenso Teil des Lichts ist, das aus den schummrigen Höhlen des kollektiven Unterbewusstseins zurückgeworfen wird wie die Brillanz der Wiederauferstehung selbst.

Ich frage mich nur: Können wir dieses Wissen aus dem Reich unserer Ratgeber erlangen?

Ja, ihr besitzt nun die Fähigkeit, jegliche Weisheit aus den Akasha-Aufzeichnungen zu erlangen. Ihr erinnert euch mit zunehmender Geschwindigkeit daran, dass ihr multidimensionale Wesen seid, erzeugt im Geist der schöpferischen Urkraft, Funken des ewigen Lichts. Vieles aus der Bibliothek von Alexandria ist so durch und durch veraltet, dass ihr womöglich herausfinden würdet, dass die Vorfreude weitaus schöner war die Realität, hättet ihr die Möglichkeit, zu einem Zeitpunkt im Raum-Zeit-Kontinuum zurückzukehren, an dem der große Brand noch nicht stattgefunden hat.

Wir bitten euch, die Ungerechtigkeiten der Vergangenheit zu verzeihen und zu begreifen, wie sehr sie euch dienlich sind, und eure Herzen und euren Verstand dann auf das Hier und Jetzt eurer Existenz zu konzentrieren. Ihr lebt in einem der enthüllendsten Zeitalter der Geschichte: dem Heraufdämmern des Aufstiegs eurer Sonne.

Schon bald werdet ihr die Schriftrollen zahlloser antiker Weiser lesen können und auch die Hologramme jener, die in der Matrix menschlichen Erlebens nach euch erscheinen – genau dort, im bequemen Lehnsessel der Ewigkeit.

Sie werden aktiviert, damit ihr sehen könnt, was den meisten verborgen war. Ihr verlasst das dunkle Zeitalter der aktuellen Unterdrückung und Ignoranz, ihr Lieben, und tretet endlich ein ins Licht der ewigen Felder.

Wird der Vatikan denn jemals auch nur einen Teil dieser Informationen veröffentlichen?

Nicht willentlich. Mit all seinen Verbindungen zu den Geheimgesellschaften und Manipulatoren der Erde – dem Machtnetzwerk, das euch regiert – wurde der Vatikan dazu geschaffen, euren weltweiten Gehorsam zu garantieren. Warum also sollten seine Herrscher euch das Wissen zur Verfügung stellen, das euch von dem Joch befreit, das sie euren Ländern und deren Menschen auferlegt – vor allem jetzt, wo sie dabei sind, den nächsten sogenannten »heiligen Krieg« anzuzetteln?

Solange die Manipulatoren auf ihren goldenen Thronen sitzen, werden sie weiterhin auch die verlorenen Schriftrollen der Erleuchtung von euch fernhalten wollen.

Sie haben die großen Bibliotheken geschändet, entstellt, die Codes versteckt und die Quellen reiner Vision verunreinigt, weil sie sich als privilegierte Mitglieder der herrschenden Elite euch, der »Masse«, in jeder Hinsicht überlegen fühlen.

Sie glauben, dass ihr als Gruppe von Wesen, die es zu kontrollieren und in den Gehorsam zu zwingen gilt, leichter gezähmt werden könnt, wenn man euch Scheuklappen aus Ignoranz und blindem Gehorsam aufzwingt. Also klammern sie sich fest an jene vergilbten Seiten vergangener Meister, von denen viele wahre Visionäre waren, die für das Licht arbeiteten ... andere hingegen auch nicht.

Lasst euch nicht täuschen. Viele intellektuelle Meister der Vergangenheit erkundeten die Mysterien der alten Welten – ihre Technologien, Wissenschaften und Aufzeichnungen galaktischer Ereignisse –, um Form und Schwingung zu manipulieren, damit sie die Energienetze der globalen Herrschaft verändern können. Ein großer Teil davon wurde von den dunklen Mächten versklavt, die euren Planeten kontrollieren, und ihre Absichten waren von niedrigster Schwingung. Diese Geheimnisse – ausgearbeitet von jenen mit dunkler Absicht – werden heute noch ebenso genutzt wie damals.

Andere, die Lichtbringer, wurden dazu angeleitet zu helfen, die Menschheit aus dem tiefen Tal der Repression auf die Berggipfel der Erleuchtung zu heben. Und auch die Weisheit dieser Lichtarbeiter aus alten Zeiten wird von den Lichtarbeitern eurer Zeit angezapft, die mit den lichterfülltesten Absichten an die Informationen herantreten ... Und dieser Fokus manifestiert sich mit der Anhebung des menschlichen Bewusstseins.

Denkt aber daran, wir haben euch immer wieder gesagt, dass ihr auf dem Weg zur Dämmerung zunächst die Dürreperiode durchstehen müsst – und sie ist es, in der ihr euch im Augenblick noch befindet, wenn auch nicht mehr lange.

Wenn ihr euch erst einmal in Erinnerung gerufen habt, dass die vorrangige Erfahrung der Realität, in der ihr euch derzeit befindet, die Existenz von Dualität auf allen Ebenen ist, werdet ihr verstehen, dass jede Handlung eine gleichrangige und gegensätzliche Reaktion enthält und dass – im übergeordneten

Zusammenhang der Dinge in der kosmischen Ordnung gesehen – eines Tages alles seine Auflösung findet.

Wenn ihr Meister des einfachen Denkens geworden seid, erkennt ihr, dass die großen Gelehrten ihr Leben der Erkundung der Wunder der Schöpfung und der Vollkommenheit der Existenz gewidmet haben. Mit diesen Beobachtungen reisten sie auf den Straßen des Intellekts und der Nachdenklichkeit, um euch ihre Arbeiten zu überbringen.

Wir laden euch ein, stets zu bedenken, dass ihre komplexesten Beobachtungen überall in der Natur auftauchen und dass ihr dieselben Prinzipien heute mit euren eigenen Augen entdecken könnt: die Kosmometrie des Lebens, die Form, die Farbe, die Schwingung. All die Weisheiten, die ihr für »verloren« haltet, liegen unmittelbar vor euren Augen, in eurer Reichweite – in den Blütenblättern einer Rose, in den Farben des Himmels, im Spektrum der Erdumdrehungen, ja in der Herrlichkeit eurer eigenen wundervollen Gestalt.

Aber die Menschen werden doch in Schach gehalten, in Angst und Panik, so dass ihr Denken immer nur um ihr eigenes Unvermögen kreist. Wenn die Angst so groß ist, wird die Ignoranz den Aufstieg ins Bewusstsein eines Meisters nicht verhindern …?

Wir erleben Ignoranz und Angst als austauschbar und glauben, dass es sich immer, wenn eine Seele Macht über eine andere ausüben will, letztlich um einen Akt der Ignoranz gegenüber der eigenen Göttlichkeit handelt, wie schwach der Funke in der jeweiligen Person auch scheinen mag.

Wir glauben außerdem, dass es sich um eine Manifestierung der Faszination handelt, die die niedersten Sinnesschwingungen auf dieses Individuum ausüben – Schwingungen, die mit dem ersten Sprung in den Abgrund entstehen, in den sich alle neuen Seelen von der Quelle aus stürzen.

Ein Teil dieser Anbetung der Finsternis ist die Angst davor, niemals das Licht zu erreichen.

Es ist weitaus sicherer, eine lieblose Realität falscher Meisterschaft und Anbetung zu kontrollieren, als sich unter Verzicht auf das eigene Ego dem Licht hinzugeben.

Wann werden sich diese Archive denn endlich öffnen?

Unsere Liebe, die Gewölbe öffnen sich doch längst! Ihr seid es, die die Seiten antiker Texte umblättert, wenn ihr erst ein Verständnis dafür gewonnen habt, dass jede Zelle eures Gedächtnisses jegliche Weisheit des Universums enthält und dass die Akasha-Aufzeichnungen genauso in euch liegen wie im Äther.

Im Zuge eurer Weiterentwicklung zu höheren Bewusstseinszuständen beginnt ihr, diese universelle Weisheit aus dem Wasser eurer Ahnenquellen – also eurem Unterbewusstsein – und in den Strom zeitgenössischen Denkens zu ziehen. Denkt daran, dass alles, was je geschrieben wurde, in die Äther eingebrannt wurde: ein Spiegelbild von Allem Was Ist, jemals war und jemals sein wird. Viel davon habt ihr bereits gelernt. Ihr stellt fest, dass einiges nicht verlorengegangen ist, wie beispielsweise die gemeißelten Aufzeichnungen. Weiteres wird auf ätherischer Ebene geheilt, so dass es in die höheren Reiche aufsteigen und das Licht eines höheren Bewusstseins finden kann.

Wenn es im Vatikan geheime Bibliotheken gibt, existieren mit Sicherheit auch anderswo welche. Gibt es unter den Pyramiden geheime Bibliotheken? Ich habe gehört, dass sich auch in Frankreich, Tibet, unter dem Sandboden Baghdads und selbst in den Vereinigten Staaten welche befinden sollen. Ist das richtig?

Diese Bibliotheken sind nicht rein textlich, musst du wissen. Überall, wo die Menschheit für ihr freies Denken verfolgt wurde, war es erforderlich, die tiefschürfenden Erkenntnisse als verborgene Schriften in kodierter Form in die größten geschriebenen Texte eures heutigen Gewahrseins einzuarbeiten: die Bibel, den Koran, die Thora und alle weiteren antiken religiösen Texte. Sie sind allesamt kodiert.

Auch unsere eigenen Botschaften, die wir euch aus der sechsten Dimension übermitteln, sind mit verschiedenen Schichten aus Bewusstsein, Energie und Schwingung kodiert. Hat man einmal die Feinheiten der multidimensionalen Kommunikation gemeistert, ist das kein schwieriger Prozess mehr.

Die Bibliotheken, denen ihr so häufig nachtrauert, befinden sich direkt vor euren Augen – in großen Kunstwerken, in der Architektur, im Design der Natur. Und wieder wollen wir euch daran erinnern, dass die Bücher, nach denen ihr euch so sehr sehnt, nur Interpretationen jener essenziellen, universellen Eigenschaften von Gott, dem Leben und eurer Existenz sind, sowohl als Schöpfungsfunken wie auch als Einheiten des Selbstgewahrseins innerhalb dieses Bezugsrahmens.

Vertraut uns. Die physischen Bibliotheken der alten Zeiten wurden von den Labors und Universitäten der modernen irdischen Gesellschaften überholt, so wie sie durch die bewusste Anwendung in euren spirituellen Lichtkreisen und Gaias strahlenden Feldern weiter angehoben wurden.

Ich habe auch gelesen, dass es im Vatikan Stellen gibt, an denen Menschen nicht existieren können. Was für eine Energie wohnt diesem Ort inne, dass er so etwas hervorbringen kann? Und was ist der Zweck dieser Energie? Haben sie Angst vor dem, was wir in den Archiven entdecken könnten?

Was du sagst, ist wahr, aber es handelt sich nur um ein Energiefeld, das einen Schutzschild erzeugt, um Unbefugten den Zutritt zu den Geheimarchiven unmöglich zu machen.

Mit dieser Energie verhält es sich ähnlich wie mit der Vril-Kraft, die die Eingänge zur Innenwelt von Agharta bewacht, auch wenn die Kräfte im Vatikan viel weniger komplex sind als die, mit der die Tunnel versiegelt werden, die in die heilige Welt im Inneren Gaias führen.

Die Vril-Kraft, die schon vor langer Zeit in euren Texten beschrieben wurde, wird dadurch erzeugt, dass die Schwerkraft bis zu einem Punkt manipuliert wird, an dem sie den zellularen Aufbau jeder biologischen Lebensform, die zufällig hineingerät, zersetzen kann.

Diese Kraft, eine der ältesten Technologien der Menschheit, wurde von der Machtelite nutzbar gemacht und wird in sehr vielen Zusammenhängen auf der Erde und im Weltraum eingesetzt. Obwohl sie erst noch vollständig gemeistert werden muss, wissen sie erheblich mehr darüber, als sie euch wissen lassen. Ein Großteil dieser Informationen stammt aus den alten Schriften und war ein Geschenk von Außerirdischen, die mit euren Regierungen kooperieren.

Kapitel 8

Heilige Stätten, himmlische Botschaften

Heilige Stätten pulsieren mit den Energien von Engeln, Elementargeistern, interplanetaren Räten, vieler Eingeweihter, Adepten und Meister, und ihr werdet dort die Macht der Gruppenseele spüren, wenn ihr euch zum Gebet vereint.

Ihr könnt spüren, wie sich die Lichtgeister versammeln und an diesen Stätten ihr Bewusstsein fokussieren, und das macht einen Teil ihrer Anziehungskraft aus.

Während eures Tanzes durch die kritischen Augenblicke der Sternenlichttage eurer großen Transformation webt ihr das Gossamer-Netz und arbeitet an eurer Wiedervereinigung mit der Mutter. Beeilt euch, denn ihr müsst von jetzt an bis zum Schlusspunkt noch viel erreichen, und indem ihr euch nun unter ihre Macht begebt, leistet ihr eine bewusste Anerkennung Gaias, während ihr euch mit anderen Lichtwesen vermengt, die wie ihr nach Hause zurückkehren – und ihren Fortschritt dabei sprunghaft beschleunigen.

Die neun Zentren des primären Energienetzwerks der Erde sind: das Gizeh-Plateau, der Berg Kailash in Tibet, das englische Dreieck Avebury – Glastonbury – Stonehenge, die Bretagne, die peruanischen Anden, der Berg Shasta in Kalifornien, das Tal der Pyramiden von Tenochtitlan in Mexiko, Oahu in Hawaii und die Energieräder der nordamerikanischen Ureinwohner in Neumexiko. Zu den sekundären Stätten zählen Ayers Rock in Australien, Damaskus in Syrien, bestimmte Vortexpunkte in Sibirien (wenngleich hierzu noch nähere Untersuchungen ausstehen), der Berg Sinai in Israel, die Osterinseln und die Energieräder der amerikanischen Ureinwohner in Mexiko, Guatemala und den Vereinigten Staaten. Ihr müsst weit reisen und viele Hindernisse überwinden, aber so sind Einweihungen nun einmal, und die meisten von euch Erwachenden haben ihre Reise bereits begonnen. Eure Zeit ist gekommen, es gibt keinen Weg zurück mehr. Also geht nun und verbreitet das Licht.

Ihr ruft uns auf, die heiligen Stätten zu besuchen, die im Kosmos der Seele angezeigt werden. Einige von ihnen, wie das Gizeh-Plateau in Ägypten und die Maya-Tempel, werden regelmäßig von spirituellen Reisenden besucht. Andere hingegen sind als heilige Stätten relativ unbekannt. Nach welchen Kriterien bestimmt ihr diese Orte?

Liebe Trydjya, es sind nicht wir, die darüber bestimmen, wo die unglaublichen Schwingungsspitzen eurer Welt liegen, welche Tastatur die Musik der gaianischen Wellen spielt. Es war die Anbetung der Alten, die ihre mächtigen Ikonen errichteten, und anderer, die Gaias Puls in Bäumen und Flüssen lauschten und das Wissen von Vater zu Sohn, Mutter zu Tochter weitergaben. Es sind die Spirit-Wesen, die dort die Bewusstseinsmuster aufrechterhalten.

Es ist Gaias Musik, die aus ihren Schwingungsepizentren schallt und euch zuruft, nach Hause zu kommen.

Sie alle werden durch Gaias elektromagnetischen Energiekörper bestimmt. Es sind jene Punkte mit der höchsten Schwingung, an denen die heiligen Stätten von Natur aus existierten und von den Alten verewigt wurden.

Ich glaube, mich bis an den Punkt weiterentwickelt zu haben, an dem ich mich in diese Energien einfinden kann, ohne die Orte physisch zu besuchen. Deshalb bin ich mir nicht sicher, ob ich eure Meinung teile, dass es wichtig für uns ist, diese Orte auch wirklich physisch zu betreten.

Wir rufen euch dazu auf, euch die Daten, die Schwingungscodes, die eingeprägten ätherischen Wellen und mächtigen emotionalen Energien anzueignen, die euch in den Chakrazentren – den heiligen Stätten – eures Planeten zur Verfügung stehen. Macht dies, sobald ihr dazu in der Lage seid, die Codes zu entschlüsseln, die solche Orte schützen, und sie als Eingeweihte in die Mysterien zu betreten.

Mit jeder solchen Erfahrung wird eine weitere Epiphanie eure Seele erfüllen. Sucht ihr das Verhüllte auf, findet die Enthüllung statt. Derartige Prozesse dienen an diesem Angelpunkt eurer wilden Reise auf dem Planeten Erde dazu, euch ins absolute Zentrum eures Seins zu bringen. Dann erlangt ihr die Fähigkeit, das Wissen zu *lesen*, das euer »zukünftiges« Selbst im Äther trägt, die Weisheit zu *entschlüsseln*, die von jenen hinterlassen wurde, die schon vor Langem in der Lichtspirale vorangeschritten sind, und euch subtil auf euer Verständnis andersdimensionaler Realitäten einzustimmen.

Das müsst ihr jetzt wissen, um auf der Suche nach eurer persönlichen Vision voranzukommen. Es hilft euch dabei, euch eure Seelenmission zu vergegenwärtigen.

Denkt auch daran, dass ihr Licht, Weisheit und Freude an die Kraftorte bringt, und diese Wellen höheren Bewusstseins erhöhen sich in den Schwingungen, reflektieren sich im Äther und prägen sich in ihn ein.

Wir wissen aus unseren kollektiven und individuellen Erfahrungen heraus, dass dies der Weg des Eingeweihten aus Reichen des dritten Dichtegrads wie eurem ist, und deshalb laden wir euch ein, an dem Reichtum teilzuhaben, der euer Erbe in den heiligen Feldern, den hohen Bergen und den Strömen des Wassers ist. Vor allem aber laden wir euch dazu ein, all dies durch euer Herzenslied mit anderen zu teilen – ganz gleich, ob sie sich dort zu euch gesellen oder die Wellen aus der Ferne empfangen.

Wir wollen uns deutlich ausdrücken. Wenn ihr dazu in der Lage seid, diese Wunder zu empfangen, indem ihr euch auf anderen Ebenen auf sie einstimmt, dann seid ihr gesegnet. Wir würden niemals nahelegen, dass es nur einen – den richtigen – Weg gibt, auf den Pfaden der Seele zu wandern, die nach einer höheren Ebene sucht. Vielleicht erreicht ihr in dieser Etappe eurer Reise die Meisterschaft eurer irdischen Existenz, und wenn das so ist, freuen wir uns mit euch über diese Leistung.

Ein warnendes Wort von unserem Herzen an deines, liebe Trydjya: Hüte dich vor dem Ego, denn es wird dich wieder und wieder blockieren.

Hüte dich vor dem Ego-Selbst.

Bitte erklärt uns genauer, wie diese heiligen Orte aktiviert werden, und beschreibt uns die Mechanismen ihrer astralen und interdimensionalen Anziehungskraft.

Diese Orte, die von all jenen als »heilige Stätten« bezeichnet werden, die seit den Zeiten der Alten bis heute eingestimmt waren, sind die neurologischen Stimmgabeln Gaias. Diese Orte sind für Mutter Erde das, was die Pulspunkte für euch sind: Hier spiegeln sich die Strömungen und elektromagnetischen

Ladungen wider, die Fließlinien ihres immensen physischen, mentalen, emotionalen und astralen Körpers.

Wesen aus vielen Dimensionen fühlen sich von diesen Reservoirs und Quellen himmlischen Flusses ebenso angezogen wie die Menschen, seit den Zeiten der Alten bis zu euren heutigen Gläubigen, indigenen Völkern und jenen, die wie ihr begonnen haben, zu den Kraftorten zu pilgern.

Wie Eisenspäne, die sich am Magnetpol sammeln, fühlen sich auch höhere Astralwesen von diesen Vortexen der Erde und anderer Himmelskörper in eurem Reich angezogen. Dort werden sie von den Kraftfeldern Gaias energetisiert, und mehr noch als das: Sie baden im Licht all jener, die meditieren, beten, feiern und an den Punkten, an denen die Erde am stärksten aufgeladen ist, eingeweiht werden.

Durch die Beschleunigung, die nun in Gaias energetischen Feldern stattfindet, dienen die Kraftpunkte als Portale zu miteinander verschmelzenden Dimensionen.

Besucht ihr sie, öffnet sich euer Herz für das Potenzial allen Bewusstseins, Abdrücke im Äther zu hinterlassen, und ihr findet heraus, dass euch ein unendlicher Schatz an bemerkenswerten Erfahrungen zur Verfügung steht, die ihr erleben und zu etwas Heiligem in euch machen könnt.

Fühlen sich auch die unzähligen dreidimensionalen Außerirdischen, die im Augenblick den Erdbereich betreten, von diesen Orten angezogen?

Ja. Und sie fühlen sich von diesen Kraftorten nicht nur angezogen, es wird ihnen durch deren Energieausstoß sogar erleichtert, die Erde zu betreten. Die stark aufgeladenen Energiekanäle, die sich von diesen Orten durch die Erdatmosphäre, Gaias Aura, und darüber hinaus bis in den Raum jenseits der Magnetosphäre erstrecken, dienen als magnetische Kraftfelder, die den

Außerirdischen dabei helfen, den Weg durch eure komplexen Gitternetze und in den Bereich der Erde zu finden.

Wenn ihr versteht, was wir euch über die Gesetze der Resonanz und der magnetischen Anziehungskraft gesagt haben, könnt ihr euch sicher vorstellen, wie das Bewusstsein, das solchen Emanationen innewohnt, mittelbar und unmittelbar beeinflusst, wer oder was auf allen Ebenen von diesen Vortexen, diesen energetischen Strudeln, angezogen wird.

Indem wir die Stätten besuchen und dort unsere Spirit-Arbeit leisten, rufen wir also diese außerirdischen Raumfahrer zu uns?

Allerdings. Deshalb ist es auch so wichtig, dass ihr mit offenem Herzen und zentriert in einem Zustand der Demut und Anbetung dorthin geht, fokussiert auf das höchste aller Ziele: das Wohl des Ganzen. Das ist genauso wichtig für die Schöpfung des Kontaktmoments, wie es der Moment selbst sein wird.

Eure Anwesenheit und eure Gebete beschleunigen den »Zeit«-Rahmen dieser Episode im Buch der galaktischen Unternehmungen und hilft dabei, das Ergebnis dieser ersten Besucherwelle zu bestimmen, bei der die Menschheit endlich mit dem konfrontiert wird, was euch bis jetzt eine äußerst unwahrscheinliche »mögliche Realität« zu sein schien.

Ihr schickt eine Botschaft der Liebe und Akzeptanz durch die Energiekanäle, die die Magnetfelder für die Raumschiffe bilden. Ihr zählt zu den ersten Repräsentanten einer friedvollen Erde – der galaktischen Familie Gaias.

Eure Gebete, Meditationen, euer Tönen und eure Freude werden in den energetischen Wellen spürbar, während viele von euch an diesen Stätten beobachtet werden, da ständig Raumfahrzeuge über euch hinwegfliegen.

Diese sind oft verborgen, manche aber problemlos sichtbar.

Achtet auf alles, was euch umgibt.

Ihr habt von »Energierädern« auf den amerikanischen Kontinenten gesprochen, aber nur vage. Ich würde gern genauer wissen, um welche Gebiete es dabei geht.

Wir bezogen uns dabei auf große Energiestrudel – Vortexe, die sich in Höhlen, Seen und Ebenen Nordamerikas befinden. Diese lebenswichtigen Kraftfelder Gaias werden von Erdhütern bewacht und dürfen euch noch nicht enthüllt werden, da sie zu verletzlich für die Ausbeutung durch die Anhänger der dunklen Mächte sind. Es wird kein Versuch gescheut, die Macht der amerikanischen Urvölker, Wächter der Erdtempel, zu brechen.

Wir können euch aber sagen, dass sie Andockstellen für zukünftige interplanetare Einrichtungen sein werden, wenn eure Erde und die Familie der planetaren Gottheiten den Weg durch die Astralkanäle eurer Sonne finden.

Als ich einmal mit einer Gruppe in der Gizeh-Pyramide war, um den dritten DNA-Strang zu aktivieren, hörten die meisten von uns beim Gruppentönen tibetische Mönche im Äther mit uns chanten. Könnt ihr uns mehr über dieses Phänomen verraten und erklären, wie Klang mit den Energievortexen Gaias verwoben ist?

Alle fortgeschrittenen Zivilisationen in den Lichtreichen des multidimensionalen Universums haben es gemeinsam, dass sie Klang als den Weber aller Frequenzen erleben. Er ist Gedanke, der an bestimmten Punkten in Raum und Zeit zu einer niedrigeren Frequenz kristallisiert und dann ein Gitter beziehungsweise Muster erzeugt, das alle Seelen auf der großen Spirale unserer Rückkehr zur Quelle voranbringt.

Dies haben wir zuvor bereits als »Sphärenmusik« bezeichnet, denn alles Bewusstsein tönt im unendlichen Kosmos der Seele als Musik wieder: von den winzigsten subatomaren Partikeln bis zu gewaltigen Planeten, Sonnengottheiten und auch gesamten Galaxien und Universen … und darüber hinaus, denn der Kosmos ist unendlich, in Hinsichten, die für den menschlichen Geist nicht zu fassen sind.

Die Tibeter haben als Meister des Klangs und Kenner seiner tiefgreifenden Bedeutung schon lange daran gearbeitet, Gaias Musik in vollkommenem Gleichgewicht zu halten. Wie ausgebildete Instrumentenstimmer versuchen sie, Gaia dabei zu helfen, ihre perfekte Tonhöhe zu bewahren – ihre Seelenmusik. Von den Alten aus Atlantis und Lemurien über die Priester Ägyptens bis zu den Maya verstanden alle die Bedeutung von Musik und Schwingung für das emotionale Gleichgewicht Gaias.

Ehe die Menschheit die Lieder der Meere – die Rhythmen und Melodien der großen Wale und Delfinwesen – störte und nun *zer*stört, waren die Ur-Noten der Erde kristallin und rein.

Ehe der Pesthauch eures Mülls und eurer Zerstörungswut kam, befanden sich das Lied des Vogels, das Rauschen des Waldbachs, selbst das Zischen der Reptilien in Harmonie: Alles war perfekt im Garten Eden. Ihr konntet den Herzschlag der Großen Mutter durch die Erde widerhallen hören und die Wellen ihres lebendigen Pulses durch die sekundären Chakrazentren spüren, die sich in euren Fußsohlen befinden.

Dieses perfekte Gleichgewicht aus Klang und Schwingung existiert an den Kraftpunkten Gaias immer noch, und die Erleuchteten wissen, wie sie auf den Winden gerichteter Stimm- oder Instrumentalklänge dorthin reisen können. Sie sind dazu in der Lage, in diesen Vortexen aus der Ferne die neuen Informationen zu erlangen – eure Gruppenintention. Ebenso können sie den Puls dessen empfangen, was dort vibriert. Und ja, sie senden auch ihre Liebe dorthin, um euch eure Erfahrung leichter zu machen, und schließen sich euch an, indem sie mit euch eure Entdeckungen feiern und sich in gewisser Weise auf die Intention eurer Gruppenseele, die Höheres erreichen will, einstimmen.

Eure dortige bewusste Anwesenheit ruft sie dazu auf, an der Feinjustierung der Erdenergien teilzuhaben. Es ist das Gebet aller Zeitalter, aller Lebewesen Gaias, und ihr habt das große Privileg, dabei sein zu dürfen, euer Liebeslicht an diese Orte zu bringen und die Liebe zu hören und zu fühlen, die auf euch zurückreflektiert wird.

Es gibt auf dem Planeten auch weit fortgeschrittene Lichtarbeiter, die wissen, wie sie die Codes entschlüsseln und die Informationen erhalten können, die für die Einweihungen an vielen verschiedenen Zeiten und Orten auf dem großen Planeten Erde kodiert wurden.

Bei meinem jüngsten Besuch in Ägypten musste ich zu meinem Entsetzen feststellen, dass die dortige Regierung eine hohe Wand mit Toren um das Gizeh-Plateau errichtet hat. Sie behaupten, so die Monumente schützen zu wollen.

Könnt ihr uns verraten, welcher wahre Grund dahintersteckt, dass sie diese Geschenke an die Menschheit vor den Blicken der Leute verbergen wollen?

Wie wir schon in unserem Werk *Atlantis steigt auf* erklärt haben, sind jene, die auf eurem Planeten die Macht haben, entschlossen, Gaias Felder auf die niedrigsten Schwingungen zu bringen, die möglich sind, um zu versuchen, auf diesem Weg Resonanz mit Nibiru zu erzeugen und den Planeten mit euch durch den Aufstieg zu ziehen.

Eure Gebete, Meditationen und Energiearbeiten an den heiligen Stätten, besonders im großen Oktaeder, heben die Schwingung an, aktivieren die Netze und verändern die klanglichen Oktaven. Und das wollen sie nicht.

Sie wollen euch dort nicht haben.

Das ist der Grund dafür, dass sie die Energien Tibets zerstören, die Sternentore von Gizeh absperren, die heiligen Stätten der

Maya schließen und sich beständig in die Angelegenheiten der indigenen Völker einmischen, die die Geheimnisse jener heiligen Energieräder auf ihrem Land immer noch für sich behalten.

Deshalb ist es so wichtig, dass ihr dorthin geht.

Geht in eure Lichtkreise. Bringt Gaias elektromagnetische Energielinien zum Leuchten und aktiviert die Chakraräder der Erde. Lasst euch nicht abschrecken.

Mauern, Tore, bewaffnete Wachposten – nichts davon kann euch aufhalten.

Geht nun zu all den heiligen Stätten, voller Mut und Entschlossenheit, und ihr werdet öffnen, was sich öffnen muss. Sendet das Liebeslicht durch die »Fingerspitzen« von Gaias gewaltigem Körper.

Ich träume davon, mit euch, dem Hohen Rat vom Sirius, oder anderen multidimensionalen Lichtwesen wie euch physisch kommunizieren zu können, nicht nur mental.

Üben die heiligen Stätten der Erde auch auf euch große Anziehungskraft aus? Ist es dort wahrscheinlicher, dass ich eure körperliche Anwesenheit miterlebe?

Ja, das ist es. Diese Punkte im Raum-Zeit-Kontinuum ziehen uns sehr stark an. Wir finden dort resonante Schwingungen, und diese Einstimmung wird an den großen Vortexen Gaias beschleunigt. Genauso fühlen wir uns von euren Lichtkreisen angezogen, deren Wirkung jetzt seit einiger Zeit auf der ganzen Welt immer mehr zunimmt.

Wir schwingen auch sehr stark mit den Pyramiden-Gitternetzlinien der Erde mit. Vielleicht ist euch ja bewusst, dass die Pyramidenform gerade auf dem gesamten Planeten entdeckt wird. Das hängt stark mit der Aktivierung Gizehs zur Jahrtausendwende und dem Prozess zusammen, den ihr jetzt in Form der Evolution eures Planeten erlebt.

Das große Oktaeder von Gizeh ist aber der Hauptschalter – der Schlüssel zu allen elektromagnetischen Energielinien Gaias. Schon bald, wenn die Mysterien enthüllt sind, werden weitere Pyramidenstrukturen auftauchen. Sie wurden auf den Gitternetzlinien aktiviert und bringen sich nun selbst ins Licht des menschlichen Bewusstseins. Wir schweben als Orbs in diesen heiligen Hallen und Feldern, teilen eure Freude und euer Staunen mit euch, während ihr eure Liebe und euer Licht in das Energie-Kaleidoskop einbringt, das die Farben von allem webt, das heilig und von Bedeutung ist.

So wie wir vor vielen Jahren eurer Zeit bei einem Kornkreis unser Channelmedium ausfindig machten und kontaktierten, warten wir jetzt auch auf euch und reisen mit euch durch die hohen Energiefelder der heiligen Kraftplätze Gaias.

Könnt ihr uns noch etwas über die Kontroversen rund um Kornkreise erzählen? Es gibt so viele Dokumentationen darüber, wie sie entstehen. Die Beweise, dass sie von Menschenhand stammen, sind manchmal ganz schön überzeugend.

Die Universalsprache, die alle Dimensionen, Realitäten und Bewusstseinsreiche durchdringt, ist die Kosmometrie – die Organisation gedankengesteuerter Energiewellen in Schwingungssequenzen, die sich in harmonischen Proportionen manifestieren und die wahre Ordnung im Chaos definieren.

So kommuniziert die höchste Intelligenz. Entsprechend ist es aufregend für all jene unter uns, die diese Formen in die Weizenfelder und andere geeignete Umgebungen einprägen, wenn Antworten von menschlichen Glyphenschöpfern neben jenen von außerdimensionalem Ursprung auftauchen.

Die schiere Willenskraft und der Fokus, mit denen diese talentierten irdischen Mathematiker und kunstvollen Techniker sich weigern, irgendeine andere Erklärung als ihre eigene gelten zu lassen, finden wir entzückend. Sie glauben, mit ihren rudimentären und oft doch recht überzeugenden Mitteln auf unsere energetischen Sprachkunstwerke mit Reproduktionsversuchen reagieren zu müssen!

Wir erkennen an, dass auch ihren Werken eine gewisse Energie innewohnt. Doch, durchaus ...

Dies ist Kommunikation, und wir sprechen miteinander, genauso, wie es beabsichtigt war! Sie sprechen unsere Sprache – und dabei lehren sie uns so viel über das Wesen der menschlichen Psyche auf individueller und kollektiver Ebene!

Sie unterrichten uns über die Wünsche der Menschheit und ihre bemerkenswerte Fähigkeit, soziales Bewusstsein zu verändern und transmutieren. Man kann gar nicht anders, als den kosmischen Humor hinter der Tatsache zu genießen, dass sie auf der einen Seite unsere Existenz leugnen und auf der anderen Seite so eloquent auf unsere Botschaften reagieren.

Aber wenn ihr uns fragt, bei welchen der zahllosen Glyphen es sich denn nun um andersweltliche Werke handelt und welche die Frucht menschlicher Skeptiker sind, können wir euch nur sagen, dass ihr die Wahrheit in euch selbst finden werdet.

In allen Formationen, die wir und andere Sternenwesen für euch erschaffen, ist eine Schwingungssignatur vorhanden, die es in jenen aus Menschenhand nicht gibt.

Jede von ihnen ist ein starker interstellarer Vortex – ein Punkt bewusster interdimensionaler Verbindung. Wir glauben, dass ihr die Energieverschiebung, die diesen heiligen Raum beschreibt, erleben könnt, einen heiligen Raum, in dem die Absicht von Lichtwesen aus anderen Reichen die Form architektonischer Mathematik annimmt: heiliger Geometrie.

Die Kornkreise, die durch zweifelnde Mechaniker produziert werden, schwingen nicht mit und glitzern auch nicht im Licht des rasant ansteigenden Spirits der Menschheit. Geht zu den Feldern und spürt selbst, wie die Lichtwellen über und durch euch hindurch gleiten. Findet eure eigene Wahrheit, erlaubt keiner anderen Person, keiner Kampagne, keinem Beweis, sich zwischen euch und euer inneres Wissen zu stellen – zwischen euch und eure ureigene spirituelle Erfahrung.

Die Zeit ist gekommen, nichts als die Wahrheit als »gegeben« hinzunehmen und gleichzeitig offen zu bleiben für die unendlichen Möglichkeiten in eurer Reichweite.

Unsere Wissenschaftler haben ein perfektes Sechseck am Nordpol des Saturn fotografiert. Könnt ihr uns mehr darüber erzählen, wer diese Konfiguration erschaffen hat?

Je näher ihr einem Verständnis dafür kommt, wie alle bewussten Wesen im Kosmos miteinander verbunden sind, und je mehr ihr über die Beschränkungen der irdischen Realität hinausdenkt, desto mehr beginnt ihr zu verstehen, dass die ultimative Kommunikation der Intelligenz – die Schöpfung selbst – mathematisch ist und dass sich in dieser strukturellen Perfektion der Mathematik die Kosmometrie aller Existenz formt.

Die atemberaubende Formation auf diesem Planeten spricht von der Weisheit jenes kosmischen Wesens und der Schwingung, die es halten wird, wenn es sich darauf vorbereitet, an eurer Seite durch den Sonnenlichtkanal aufzusteigen.

Ihr, die ihr ein spirituelles Gespür für Nummern und Formen habt, werdet erkennen, dass in die sechseckige Form ein Axiom eingebettet ist: wie oben so unten und wie unten so oben.

Seht ihr, unsere Lieben, dass die Botschaften in euren Kornkreisen repräsentativ sind für die universelle Sprache des Bewusstseins?

Es fällt mir schwer zu begreifen, wie Tibet, ein Land voller spiritueller Hingabe an das Schicksal der Menschheit, langsam zerstört und der Spirit dieses edlen Volkes gebrochen werden konnte.

Was könnt ihr uns über die Ungerechtigkeiten erzählen, die an den spirituellen Führern und der unschuldigen Bevölkerung dieses Lands verübt wurden?

Eine der wichtigsten Lektionen unserer individuellen und kollektiven Erfahrung besteht darin zu lernen, die Unbeständigkeit aller Dinge zu akzeptieren – das ewige »Werden« von allem, das im Universum existiert. Gleichzeitig ist es auch die vielleicht schwierigste Lektion, denn wir klammern uns so verzweifelt an die Illusion unserer Existenz im materiellen Reich, dass wir uns während unserer verschiedenen Lebensphasen auf unserer Reise durch das große Rad der karmischen Wiederkehr gegen Veränderungen wehren.

Im Augenblick gibt es unter euch keine Lehrer, die euch die Bedeutung des »Loslassens« besser lehren könnten als die tibetischen Meister selbst, die von den Berggipfeln herabgestiegen sind, um euch die Schönheit dieser Lektion zu zeigen – eine Lektion, die sie am eigenen Leib erfahren haben.

Das Leben, lernt ihr, ist wie der bunte Sand des Mandalas: Gerade noch wirft er die komplexen Weisheiten der Alten auf den Tempelboden, bildet er die farbige Fläche eines uralten Puzzles, doch schon vom ersten Hauch des Abendwinds wird er in alle Himmelsrichtungen verteilt.

Dies ist ein Segen, den ihr aus der Geschichte Tibets gewinnen könnt, wenn ihr eure Aufmerksamkeit erst einmal auf die Bedeutung dessen verlagert, was euch die tibetischen Meister zu geben haben, statt darum zu trauern, was sie alles haben aufgeben müssen.

Man hat mich darauf aufmerksam gemacht, dass die Mutter-Vater-Kristalle von Atlantis vor der Küste von Florida ihre Kräfte sammeln und dass sich Atlantis darauf vorbereitet, mehr Energie aufzunehmen und sich aus dem Ozean zu erheben – schon bald soll es sichtbar sein für alle. Dies soll dazu dienen, den Aufstiegsprozess zu beschleunigen. Auch von erstaunlichen Funden vor der kubanischen Küste habe ich gehört.

Könnt ihr diese Informationen erläutern?

In den Unterwassergebieten in der Karibik gibt es aufregende Entwicklungen, die den Mineralgeist Gaias anregen und auf natürliche Weise eure Intelligenz, eure Neugier und euer Gedächtnis entfachen. Entlang der großen kontinentalen Landmasse des alten Atlantis, die von den Eismeeren am Nordpol bis zu den Südhäfen der heutigen Landmasse Südamerika reichte, warten unbeschreibliche Schätze der Vergangenheit darauf, entdeckt zu werden. Die antiken Städte von Atlantis – und im Südpazifik auch Lemuriens – erheben sich jetzt nacheinander aus den Meerestiefen und durchbrechen die Oberfläche, wo sie bisher noch unter dem Eis verborgen lagen … so wie sie sich auch aus den Tiefen des unterbewussten Gedächtnisses eurer Kollektiverfahrung erheben.

Der Kristallkörper von Gaia ist die Akasha-Bibliothek der Erde: Er enthält alles Wissen, alle Geschichte und alle Erfahrung, die sich im Erdreich ereignet haben. Die gesamte Kristallform der Erde kann durch die Prozesse der planetaren Evolution, der biologischen Entwicklung und der beständigen Interaktion des Planeten mit den anderen Himmelskörpern und intergalaktischen Kräften, mit denen er sich Umgebung, Raum und Erfahrung teilt, aktiviert werden – und das wird er auch.

Die Mineralwelt dient als elektromagnetische Resonanzplatte für den gesamten Planeten und lagert, erzeugt und reflektiert elektromagnetische Energien in allen Aspekten ihres Seins. Sie trägt die Aufzeichnungen für jene Kristallhüter in sich, die jetzt aufgerufen sind, die gewaltige Bibliothek eures Planeten zu betreten: auf der Oberfläche, in den Höhlen und in den Tiefen der Meere.

Kristallgeneratoren, so hoch wie Bäume, werden jetzt für euch zugänglich, und es wird Entdeckungen im Überfluss geben. Die dreizehn Kristallschädel werden bald vereint, wodurch sich alle Sternentore öffnen werden. Paralleluniversen werden zusammenstoßen – und alles, was neu ist, wird in der *vesica piscis*, des Feldes, das durch die Überschneidung zweier gleich großer Kreise entsteht, das Licht der Welt erblicken.

Wenn ihr im Augenblick auf eure Umgebung achtet, dann wisst ihr, dass sich die Lügen als solche entpuppen, dass Geheimnisse enthüllt werden und sich Atlantis – das Land des ursprünglichen Menschen – erhebt.

Gibt es noch etwas, was ihr uns zu unserem Aufstieg und der Erfahrung, die wir beim Übergang allesamt machen werden, sagen wollt?

Wir bitten euch, nie zu vergessen, dass Spirit, die allumfassende Kraft, die jedes lebendige Ding umhüllt, durchdringt und erschafft, das Leben vorantreibt: vom Samen zum Baum, vom Undurchsichtigen zum Kristallinen, von der Ignoranz zum Wissen, von der Dunkelheit zum Licht. Und so streben alle Menschheitsvölker, Funken dieser göttlichen Anmut, nach Erleuchtung, wie lang dieser Prozess auch sein mag.

Lasst euch nicht von Äußerlichkeiten täuschen, selbst wenn es für viele so scheinen mag, als würde das Dunkel regieren. Es ist Schein. Das Göttliche regiert. Als Reflektion eines unendlichen Lichtspektrums ist euer Erscheinen in diesem physischen Reich nur ein kurzer Übergang auf eurer zeitlosen Reise. Was zu lernen ihr gekommen seid, bestimmt auf eurem Weg nach Hause darüber, wie lange ihr in den Schatten verweilen wollt. Und wie wir euch wieder und wieder gesagt haben, ist das etwas, worüber ihr schon lange vor eurer Geburt in dieses Leben … diesen Körper … diese Welt entschieden habt.

Auch wenn euer wahrer Lebenszweck oft in den Illusionen der materiellen Realität versteckt oder durch wechselnde Bedingungen sabotiert wird, als Mitglieder der galaktischen Familie besteht er darin, das Licht zu anderen hinausleuchten zu lassen, in der Gnade eurer Göttlichkeit zu wandeln, allen Lebewesen Kraft und Stärke zu schenken und im Licht der Liebe zu leben. Wie auch immer ihr das Konzept von Gott verstehen mögt, diese Energie in euch für andere zu transzendieren ist das größte Wunder des Menschseins. Indem ihr die Göttlichkeit eures Seins – das Höchste Selbst – erlebt, findet ihr den Grund eurer Existenz. Ihr entdeckt euer Ziel. Ihr dient dem Allgemeinwohl.

So wie ihr Gott, den großen Mathematiker, als Schöpfer des Universums verehrt, so müsst ihr auch euren Anteil als Mitschöpfer aller Realität ehren ... und danach streben und beabsichtigen, stets dem höchsten Ziel zu dienen. Indem ihr Gott in eure Herzen, Köpfe und Hände lasst, dient ihr Spirit in seinem höchsten Aspekt.

Nur damit es keine Missverständnisse gibt: Dies ist es, was eurer Existenz Bedeutung verleiht, und es ist das Einzige, was der Situation des Menschen Sinn schenkt. Ihr heilt und werdet geheilt, liebt und werdet geliebt ... hebt die Schwingung als Lichtarbeiter auf dem Planeten Erde und als Kinder des Universums bitte weiter an.

Ihr wisst, dass die enormen Veränderungen in eurem individuellen und kollektiven Bewusstsein nötig sind und die Zeit reif ist. Ihr spürt es – wir bemerken, wie sensibel ihr dafür seid, dass sich direkt hinter den schummrigen Schatten eine Lichtung befindet, auf die das ewige Licht scheint, so dass sie euren Blicken nicht länger verborgen ist ... keine Sekunde lang.

Ihr beginnt zu begreifen, dass es tatsächlich an der Zeit ist, Ängste und Begrenzungen aufzugeben, damit ihr euch endlich aus dem Würgegriff lösen könnt, in dem sie euren Geist gepackt halten, um euer Glück zu sabotieren und euch den Seelenfrieden zu nehmen.

Ihr seid bereit für einen erfolgreichen Heilungsprozess und den Beginn der Ekstase, dafür, Vollständigkeit zu erlangen.

Ihr erwacht, Sternensaat.

Nur noch einige wenige Stufen auf der Treppe des Lichts, und ihr werdet ins Herzenslicht jener getaucht, die vor euch dort entlangkamen.

Dann werdet ihr einen Blick auf uns erhaschen, die wir direkt vor euch sind und euch den Weg freiräumen … den Weg zu den Sternen.

Nachwort

Abschließende Gedanken

In den Jahren nach meinem ersten bewussten Kontakt mit dem Hohen Rat vom Sirius wurde ich, wie so viele von uns, auf den Wegen Spirits herumgestoßen, geprüft, herausgefordert, aber auch belohnt. Die Suche nach Wissen führte mich immer wieder zu den heiligen Stätten dieser Erde.

Dort sind, wie uns der Rat erklärt, die Lehren der alten Weisen kodiert. Die entsprechenden Stellen befinden sich meist an den Vortexen mit der höchsten Schwingung, die wiederum an den Kraftorten unseres Planeten liegen.

Bei meiner letzten Reise nach Ägypten, auf der ich, wie man mir sagte, eine Verbindung zum Herzzentrum dieses Landes in Abydos bekommen würde, führte man mich in die Unterwelt unter dem großen Osirion. Dort sollte ich Zugang zu den Speichern galaktischer Informationen erlangen, die in den Mineralreichen der Tiefen kodiert sind. Ich erhielt diese Botschaft vom Hohen Rat vom Sirius, der mich in den vergangenen Jahren durch so viele heilige Stätten und Tempel geleitet hatte – als Schülerin Spirits und Führerin für andere. Dort zeigte man mir etwas, das ich für eines der größten Geheimnisse halte, die es noch zu lösen gilt, und ich finde es äußerst aufregend, in unserer aktuellen Phase des Erwachens darüber zu berichten, da es eine Verbindung zwischen vielen verschiedenen Dingen schafft und mir auf ganz persönlicher Ebene dabei hilft, die aktuellen Ereignisse zu verstehen.

Ich möchte nicht behaupten, dass dieses Geheimnis für andere ebenso wichtig wäre, denn es handelt sich um ein ausgesprochen subjektives Erlebnis. Ich möchte einfach nur meine Erfahrungen mitteilen, weil ich darauf vertraue, dass sie dem Allgemeinwohl dienen.

Gleich hinter dem prachtvollen Totentempel des Sethos in Abydos befindet sich das Osirion, eine Megalith-Struktur, deren Sinn und Zweck von Archäologen bislang noch nicht entschlüsselt werden konnte, da sie sich dem dynastischen Ägypten zeitlich nicht zuordnen lässt. Bis heute hat kein Forscher die Gestaltung erklären oder ihre Bedeutung aufzeigen können. Das Osirion ist und bleibt unserem Verständnis nach ein Geheimnis. Es wurde wegen seiner seltsam geschnittenen, megalithischen Ecksäulen unter anderem mit dem Sonnentempel in Peru verglichen. Solche Säulen sind typisch für die dortige Zivilisation – aber nicht für Ägypten.

Obwohl es in der Vergangenheit möglich war, das Osirion zu betreten, ist das Betreten inzwischen von der Behörde für Denkmalschutz untersagt worden, da Eingang und Innenräume von stehendem, übelriechendem Wasser geflutet wurden, so tief, dass man hindurchwaten muss. Das jedenfalls ist der Grund, der nach außen kommuniziert wird. Aus dem, was ich dort nicht nur auf physischer Ebene, sondern auch auf meiner Astralreise in die Tiefen des Bauwerks erlebt habe, schließe ich, dass wir im Osirion einen der wichtigsten Aspekte unserer Vergangenheit und unserer Zukunft entdecken werden.

Wie immer öffneten sich mir auf wundersame Weise Türen. Man gab mir die Möglichkeit, ganz allein etwas Zeit auf dem Osirion-Gelände zu verbringen, ohne eine einzige andere Menschenseele bis auf den Tempelwächter Amir, der mir während meiner rituellen Arbeit im Osirion und dem Totentempel des Sethos durchgängig den Rücken freihielt.

Nun bin ich damit gesegnet, als Hüterin eines prachtvollen Kristallschädels der Maya fungieren zu dürfen. Estrella wurde mir bereits 2005 während eines Rituals in Palenque zum Geschenk gemacht. Seit ich den Schädel von dem Maya-Schamanen Kayun bekam, erhalte ich Weisung, ihn zu jeder Zeremonie mitzubringen, ganz gleich wo ich sie vollziehe. Und das wichtigste Ritual, das ich am Osirion vollzog, bestand darin, den Kristallschädel ins schlammige Wasser zu legen, um dieses zu reinigen. Das war keine einfache Aufgabe, da das Wasser tief ist und ich den Schädel leicht hätte verlieren können. Darum musste ich ihn die ganze Zeit über festhalten, während ich mich in einen veränderten Bewusstseinszustand begab. Zudem musste ich mein Unbehagen wegen des Zustands des Wassers überwinden, das eine wahre Kloake aus Schleim und Unrat ist, und mein Bewusstsein so weit anheben, um Raum für die Erkenntnis zu schaffen, dass ich es mit *heiligem* Wasser zu tun hatte.

Ich erhielt Weisung, dass auch meine Füße und Hände im Wasser sein müssten, also hielt ich mich daran, obwohl es mir widerstrebte. Aber ich wusste, dass die Energien dieses heiligen Ortes dafür sorgen würden, dass dieses Wasser heilig blieb, ganz gleich wie es aussah. Also hielt ich Estrella ins Wasser des Osirions und ließ auch meine Füße hineinbaumeln. Meine physische Sicht verschwamm daraufhin und machte den Weg frei für die Dinge, die das Dritte Auge erblickt. Dann begann der Schädel zu mir zu sprechen:

> Unter diesem Wasser befindet sich ein Geheimnis, und du bist eingeladen, es wieder in die Welt zurückzubringen. Blicke in die Quelle, zentriere dich voller Demut und habe keine Angst. Du bist umgeben vom gold-weißen Licht des Osiris, Meister der Lichtreiche des Sirius.
>
> Der Meister der dreizehn Kristallschädel von Atlantis, die wir dir gegenüber als »das Schädelkomitee« bezeichnet haben, liegt in den Tiefen der Erde unter diesem Tempel: Es ist die Begräbnisstätte des Osiris-Abbilds – des Tors zu den Hallen von Amenti. Es ist der dreizehnte dieser Kristallschädel, die der Menschheit während der Zeit von Atlantis geschenkt wurden, der hier vergraben liegt.
>
> Seine ätherische Blaupause ist in einem Schutzschild enthalten, in dem sich auch die DNA des sirianischen Meisters Osiris verbirgt.
>
> Sieh genau hin, Sternensaat, genauer als je zuvor.
>
> Angeführt vom Rat des sirianischen Lichts wurdest du hierher gebeten, um dieses Geheimnis zu lüften und den wahren Weg nach Amenti zu entdecken. Dies ist der Weg des Spirit-Kriegers. Du schreitest voran, egolos, im Dienst des großen Ganzen.
>
> Vergiss nie, Sternensaat, dass dein Weg erleuchtet ist und du weißt, wie du dich vor der dunklen Macht abschirmen kannst, so wie du auch weißt, wann du das Licht der Wahrheit in die Schatten bringen solltest.

Die darauffolgende Reise der Seelenreinigung und meine Visionen, als ich die Unterwelt unter dem Osirion durchstreifte, waren für mich von monumentaler Bedeutung, und ich bin immer noch damit beschäftigt, dieses Erlebnis zu entschlüsseln.

Tatsächlich arbeite ich mich nach wie vor durch diesen Prozess und versuche zu entschlüsseln, was er für mein Privatleben und womöglich auch für andere Menschen bedeutet.

Die heilige Stadt Abydos, abgelegen in der Sahara, gilt als der älteste bekannte spirituelle Pilgerort – älter als Mekka, Jerusalem und alle anderen derartigen Stätten. Schon zu prädynastischen Zeiten handelte es sich um ein spirituelles Epizentrum Ägyptens, und viele Menschen glaubten, es sei der spirituelle Kern der alten Zeiten und würde bis in vordynastische Zeiten zurückreichen. Dort befindet sich das prachtvolle Osirion, das ich inzwischen für die Ruhestätte des Kopfes von Osiris halte, des dreizehnten Kristallschädels. Das Osirion ist der Hauptzugang zu den Hallen von Amenti.

Es gibt dort Grabstätten, die schon bald ausgehoben werden sollen. Das Tal der Könige wird im Vergleich dazu aussehen wie ein Miniaturenmuseum. Es gibt die Dörfer, die selbst magisch sind und in denen hier und dort im Sand der Zeit Tempel verborgen liegen. Und dann ist da natürlich noch der Totentempel des Sethos, der besterhaltene in ganz Ägypten. Hier werden an den Wänden die Götter dargestellt, und die Energien, die sie repräsentieren, sind lebendig – man kann von ihnen transportiert werden und mit ihnen kommunizieren. Auch das ist eine Botschaft, die ich hiermit verbreiten möchte.

Der Tempel von Abydos, ein von Pharao Sethos errichteter Schrein, ist für die Götter der ultimative Tempel. Er verkörpert das Haus des Schöpfers und spiegelt die Geschichte des Kampfes zwischen Dunkelheit und Licht über alle Zeiten hinweg. Ich fühlte mich von diesem Tempel sehr angezogen. Schon bei mehreren früheren Gelegenheiten – kurzen Besuchen durch Karawanen mit Polizeieskorte – hatte ich einen Blick auf seine atemberaubende Schönheit werfen können und für kurze Momente seine mächtigen Energien gespürt – und dass der Hohe Rat vom Sirius mich dorthin führte.

Ich glaube, dass Pharao Sethos immer noch durch diese Hallen wandelt und sein Körper im Tempel, auf dem Gelände und in der heiligen Stadt selbst verkörpert ist. Man könnte sagen, dass ich in die Fußstapfen der beeindruckenden Dorothy Eady (1904-1981) gelenkt wurde, um im Tempel von Abydos der Vergangenheit zu begegnen und die Götter um Rat zu bitten, genau wie sie es als ägyptische Priesterin Omm Sety in einem früheren Leben tat. Über sie kann man mehr in dem [bisher nicht ins Deutsche übersetzten] Buch *The Search for Omm Sety* von Jonathan Cott erfahren. Omm Sety hatte eine unglaublich starke Verbindung zu diesem heiligen Ort. Sie kommunizierte ihr ganzes Leben lang, das sie nahezu ununterbrochen in den heiligen Hallen von Abydos verbrachte, mit Sethos.

Bei meiner Arbeit für Spirit war ich immer schon gesegnet durch Unterstützung aus der Geistigen Welt. Seit meinen ersten Begegnungen mit dem Hohen Rat vom Sirius im Julia-Mengen-Kornkreis 1996 hat sich das immer weiter verstärkt.

Es ist so unglaublich wie unausweichlich: Ganz gleich, wohin ich gehe, überall tauchen Ereignisse, Menschen, Kräfte auf, die bereit sind, verschlossene Türen für mich zu öffnen und geheimes Wissen mit mir zu teilen, das ich an dem jeweiligen Punkt meiner Reise gerade dringend benötige. So auch bei der Einweihung in Abydos.

Im Fall des Osirion möchten die Menschen, die mir halfen, um ihrer Sicherheit willen lieber nicht genannt werden. Sie haben mir Zugang zu Geheimräumen, unterirdischen Tunnels und heiligen Hallen gewährt, obwohl es die ägyptische Regierung verboten hat. Ich glaube, dass sie genauso wie ich im Dienst der Sache stehen, die Informationen an die Öffentlichkeit zu bringen, die wir im Augenblick gerade dringend brauchen. Es ist Teil ihres eigenen spirituellen Prozesses. Ich glaube außerdem, dass die Familie des Lichts auf vielen verschiedenen Bewusstseinsebenen miteinander verbunden ist. Egal, ob sie sich ihrer Rolle vollständig bewusst sind oder nicht – sie erscheinen zur rechten Zeit am rechten Ort und mit den richtigen Absichten. Sie haben mir und in vielen Fällen auch meinen Mitreisenden immer wieder den Zugang zu geheimen Durchgängen gewährt.

Und ich bin ihnen unendlich dankbar für ihre Hingabe, Liebe und Hilfe.

Die Monumente in Gizeh und jenseits des Plateaus, darunter die kleineren Pyramiden und die Stufenpyramide in Sakkara, befinden sich alle über einem gewaltigen Energiekraftwerk, das in einer unterirdischen Stadt steht. Topografisch ist diese Stadt weitaus größer als die oberirdische Stadt Kairo. Es gibt dort ein weitverzweigtes Netzwerk aus Tunneln, Straßen und Bauwerken, und sie alle stehen in Zusammenhang mit der Cheops-Pyramide und der dazugehörigen Bauwerke für die Nutzbarmachung kosmischer Energien.

Wir werden uns zunehmend bewusst über die Existenz multidimensionaler Portale, die durch die Dimensionen in andere Galaxien und Universen führen – und wer weiß, wohin noch. Diese Portale sind unmittelbar verbunden mit den Chakrazentren und Energienetzen Gaias.

Und das Epizentrum ist Gizeh: Das gesamte Plateau ist ein einziger Durchgang.

Deshalb wurde der Sphinx dort für uns erschaffen.

Deshalb stehen dort die großen Pyramiden.

Und deshalb haben die Hüter der Aufzeichnungen von Atlantis ihren Abdruck darunter hinterlassen.

Besucht diese Monumente, solange ihr das noch könnt. Und tut es mit der Intention, die Schwingung der heiligen Stätten anzuheben, die Geheimnisse zu enthüllen, die Musik zu spielen und die Sternentore zu aktivieren. Das ist unser aller Aufgabe als Sternensaat, und sie beginnt mit dem demütigsten aller Gefühle: etwas für das Allgemeinwohl zu tun.

Im Augenblick besteht ein überwältigendes Bedürfnis nach herzzentriertem Bewusstsein und der Überzeugung, dass wir trotz aller düsterer Illusionen wissen, wir sind nur einen Atemzug entfernt von der großen Verschiebung, durch die sich eine neue Welt entfalten wird. Die Hindernisse werden immer mehr, und vielen Menschen fällt es zunehmend schwer, ihre Überlebensängste zu überwinden, um sich aufrichtig für das große Ganze einzusetzen. Dies erfordert das Loslassen emotionaler Probleme und an Bedingungen geknüpfter Liebe. Er erfordert Vergebung und Akzeptanz, und all dies ist nun von uns gefordert, wenn wir das Räderwerk von Gizeh in Bewegung setzen wollen.

Reinigt euch, soweit ihr könnt, von eurem Ego und seinen Versuchen, euch von euren übergeordneten Zielen abzulenken, euren Fokus zu verschleiern und euer persönliches Erleben und die Manifestierung von persönlichen Phänomenen über das Allgemeinwohl zu stellen. Es ist an der Zeit, unsere Gedanken dem ultimativen Ergebnis zu widmen, dem Besten für alles Leben im Sinne eines übergeordneten Kollektivbewusstseins. Es ist an der Zeit, auf persönlicher Ebene daran zu glauben, dass all dies nicht nur möglich ist – es ist unsere Schöpfung, und es wird auch unser Vermächtnis sein.

Die Auflösung der dunklen Macht ist das natürliche Ergebnis unseres brillanten Gedankenkollektivs.

Je entschlossener die Kräfte der Gegenseite versuchen, uns den Zugang zu diesen heiligen Stätten zu verwehren, desto leichter finden wir interessanterweise auf anderen Ebenen Zugang zu ihnen. Ägypten verfügt über viele Durchgänge und Vortexe, die uns zu unseren Erinnerungen an Atlantis führen – und zu deren Bestätigung. Diese Geheimnisse werden zurückgehalten, weil die Mächte, die auf dieser Ebene am Werk sind, verhindern wollen, dass die Geschichte neu geschrieben wird. Sie wollen nicht, dass sich der Vorhang hebt und all die Geheimnisse öffentlich werden, die sie unterdrückt haben.

Und doch kommen jetzt viele Entdeckungen in Ägypten und auf anderem heiligen Boden ans Tageslicht. Alles tritt ins Licht unseres aufstrebenden Bewusstseins.

Und was andere Ebenen betrifft – Portale zwischen den Dimensionen oder Bewusstseinsfelder – ja: absolut, ihr Lieben. Ägypten trägt zweifellos viele Schlüssel zu unserem Erwachen in sich. Unter dem großen Sphinx, Bildnis von Sirius, befindet sich die Halle der Aufzeichnungen von Atlantis. Unter dem Osirion befindet sich der ätherische Meisterschädel des Schädelkomitees, der nur auf seine Aktivierung wartet.

Und ich glaube fest daran, dass die Sternentore Ägyptens die Tore der ganzen Welt öffnen werden.

Danksagung

Ich möchte allen Freunden und Weggefährten danken, die mich bei der Geburt dieses Buchs unterstützt haben.

Robert Phoenix, dessen feste Entschlossenheit, meine Arbeit einer breiteren Öffentlichkeit zugänglich zu machen, mir viele Türen geöffnet hat – möge meine Liebe dich stets umgeben. Mein ganz besonderer Dank gilt meinem amerikanischen Verleger Richard Grossinger, der an die Lehren der Sirianer geglaubt und mich darin unterstützt hat, in aller Offenheit ihre Wahrheit zu verbreiten. Auch meiner engagierten Projektredakteurin Hisae Matsuda bin ich zu tiefem Dank verpflichtet. Sie hat das vorliegende Material wie schon die frühe Trilogie bei ihrer Entstehung begleitet. Mein Dank gilt außerdem Adrienne Armstrong für das hervorragende Lektorat, das die Stimme des Rats an keiner Stelle verfälscht hat. Ich danke zudem allen Leuten bei North Atlantic Books: Brad Greene für seine fantastischen Grafiken. Drew Cavanaugh, Sarah Serafimidis, meiner Publizistin Allegra Harris und allen anderen, die hinter den Kulissen arbeiten. Eure Professionalität und Liebe hat mein Wirken auf allen Etappen seiner Reise durchdrungen.

Während des Entstehungsprozesses dieser Seiten habe ich die Unterstützung einiger ganz besonderer Menschen in meinem Leben erfahren: Ich danke meinem Seelengefährten Franco, der stets an meiner Seite war. Seine Geduld und sein Beistand waren das Fundament meines Zuhauses, von dem ich aufbrechen konnte in andere Reiche – und das am Ende meiner Reisen stets auf mich wartete. Dann sind da all die vielen Freunde, alte wie neue, die mich auf meinem Weg ermutigt und begleitet haben: Damien, Laura, Beata, Kalli, Judith, Claudia … die Liste ließe sich endlos fortsetzen. Ich danke zudem Acharika, einer ganz besonderen Frau. Danke für deine Großzügigkeit und dass du immer verstanden hast, worauf es wirklich ankommt. Und wie stets danke ich meiner Mutter Sara, die auf der anderen Seite über mich wacht und ihre Engel zu mir schickt, damit sie mir den Weg weisen.

Und zuletzt möchte ich erneut den Lichtkreisen danken, die überall auf der Welt tätig sind – den Lichtarbeitern, die sich mir in meinen Seminaren und bei meinen Reisen anschließen. Für euer Vertrauen, euer Gespür für die Wahrheit, für eure Bescheidenheit und die Hingabe, mit der ihr euch der Weisheit der Sirianer widmet, dafür danke ich euch. Wir leuchten hinaus, umgeben diesen wunderbaren Planeten mit unserem Licht und verbinden die Punkte miteinander!

Eure
Patricia Cori

Patricia Cori

Die weltbekannte Autorin, Rednerin und Aktivistin für Menschen- und Tierrechte, eine Kämpferin für den Planeten Erde, stammt aus der Nähe von San Francisco. Sie ist hoch medial und bewandert in Mystizismus, Philosophie, alten Kulturen, metaphysischen Heilkünsten, Spiritualität und unerklärlichen Mysterien. Über all diese Themen hält sie regelmäßig Vorträge auf der ganzen Welt. Sie gilt als Kapazität auf ihren Fachgebieten, und ihre Arbeit wird nicht zuletzt deshalb so geschätzt, weil sie den Status quo infrage stellt und dem menschlichen Gewahrsein neue Perspektiven eröffnet.

Sie ist ein prominentes Mitglied der spirituellen Gemeinschaft und in internationalen Vortragskreisen bekannt dafür, dass sie regelmäßig Kurse, Seminare und Workshops zu einer großen Bandbreite an Themen anbietet, die ihr weitgefächertes Wissen über alternative Heilmethoden reflektieren. Sie verfügt über die außergewöhnliche Gabe, anderen zu helfen und in uns allen die Flamme der Kraft zu entzünden.

Von indigenen spirituellen Lehrern der tibetischen, peruanischen und Maya-Tradition wurde sie als Schamanin anerkannt und von den Schamanen von Palenque als einer der vier spirituellen Wächter dieser heiligen Stätte identifiziert. 1996 gründete sie den LightWorks-Reiseclub SoulQuest™ Journeys und führte noch im selben Jahr eine Gruppe von spirituellen Reisenden nach Nepal und Tibet. Seitdem begleitete sie Reisegruppen zu heiligen Stätten in Asien, Mexiko, Ägypten, Europa und Peru, zu den Kornkreisen in England und zum Delfinschwimmen auf die Azoren, um das Potenzial der Interaktion zwischen den Arten zu erkunden und unsere Empfänglichkeit für die Welt, die uns umgibt, zu erhöhen. Stets konnte sie dabei Portale öffnen und den Menschen helfen, einen Blick hinter den Vorhang zu werfen.

Im deutschen Sprachraum galten ihre frühen Bücher *Kosmos der Seele* (2004) und *Keine Lügen, keine Geheimnisse mehr* (2006) als Weckrufe für das sich erweiternde Bewusstsein der Menschheit. Später wurden dann ihre Beiträge in den AMRA-Sammelbänden *Die Große Veränderung* (2009), *Das Bewusstsein der Neuen Zeit* (2010) und *Neue Zeit* (2012) zu kraftspendenden Wegweisern für die Lichtarbeit. Sie veröffentlichte darin Seite an Seite mit Lee Carroll und Tom Kenyon, herausragenden Medien von Kryon und den Hathoren, neue Botschaften des Hohen Rats vom Sirius. Danach channelte sie Botschaften der Wale und Delfine, die als *Bevor wir euch verlassen* (2013/2021) erschienen, gefolgt von den *Lichtbotschaften vom Sirius*, einer exklusiv zusammengestellten Buchtrilogie, die es in dieser Form nur auf Deutsch gibt. Zwei weitere Bücher von ihr – *Atlantis steigt auf* und *Wo die Pharaonen wohnen* – sind als Erstübersetzung bei AMRA in Vorbereitung.

Für das weltweite Publikum der Suchenden gelten ihre Durchsagen aus der geistigen Welt als unerlässliche Lektüre. Erfahren Sie mehr über ihre Kurse, Workshops und Vorträge in englischer Sprache auf www.PatriciaCori.com.

Pavlina Klemm

HEILSYMBOLE & ZAHLENREIHEN

Arbeitsbuch der Plejadenheilung

AMRA Verlag, ISBN 978-95447-448-6
Hardcover, Glanzeinband, Leseband, 192 Seiten
22 € [D] / 22,70 € [A]; auch als eBook erhältlich!

Immer wieder haben Teilnehmer aus den Workshops, aber auch Leserinnen und Leser der Plejadenbücher danach gefragt. Jetzt dür-

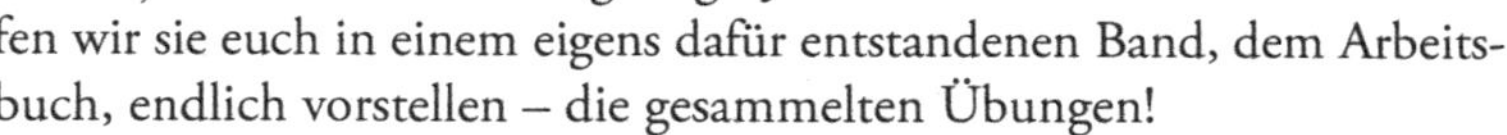
fen wir sie euch in einem eigens dafür entstandenen Band, dem Arbeitsbuch, endlich vorstellen – die gesammelten Übungen!

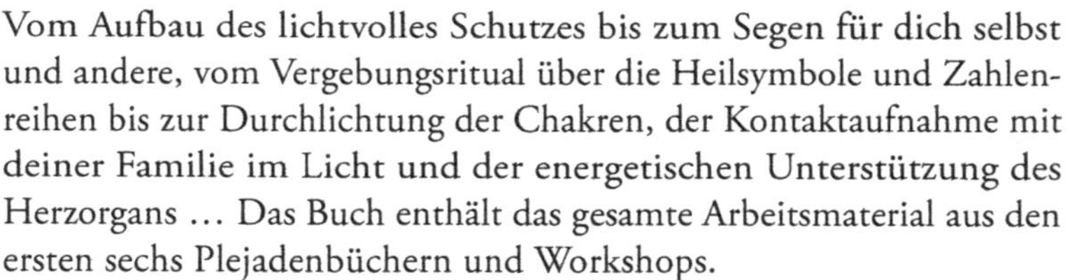
Vom Aufbau des lichtvolles Schutzes bis zum Segen für dich selbst und andere, vom Vergebungsritual über die Heilsymbole und Zahlenreihen bis zur Durchlichtung der Chakren, der Kontaktaufnahme mit deiner Familie im Licht und der energetischen Unterstützung des Herzorgans … Das Buch enthält das gesamte Arbeitsmaterial aus den ersten sechs Plejadenbüchern und Workshops.

Aus dem Vorwort der Plejader …
»Der Geist des Menschen bindet sich an die Synapsen des kosmischen kollektiven Bewusstseins an und erhöht dadurch sein Bewusstsein und sein Wissen. Die kosmischen Lichtimpulse können den menschlichen Geist jetzt endlich heilen und regenerieren.«

Pavlina Klemm über dieses Buch …
»Es ist egal, in welchen Inkarnationen ihr euch früher befandet. Es ist egal, wie viele Gedanken euch in eure Vergangenheit zurückwerfen. Jeder hat die Möglichkeit, seine Realität zum Positiven zu verändern. Wie die Plejader uns mitteilen – Schritt für Schritt.«

Sofort erhältlich auf www.AmraVerlag.de.
Deutschland & Österreich ab 18 € versandkostenfrei!